欧亚历史文化文库

总策划 张余胜

兰州大学出版社

中部西藏与蒙古人

——元代西藏历史（增订本）

丛书主编　余太山

〔意〕伯戴克 著　张云 译

图书在版编目（CIP）数据

中部西藏与蒙古人：元代西藏历史／（意）伯戴克
著；张云译．—兰州：兰州大学出版社，2010.9
（欧亚历史文化文库）
ISBN 978-7-311-03525-9

Ⅰ．①中… Ⅱ．①伯… ②张… Ⅲ．①西藏—地方史
—研究—元代 Ⅳ．①K297.5

中国版本图书馆 CIP 数据核字（2010）第 189786 号

总 策 划　张余胜

书　　名　中部西藏与蒙古人
　　　　　——元代西藏历史（增订本）
丛书主编　余太山
作　　者　〔意〕伯戴克　著
　　　　　　　张　云　译
出版发行　兰州大学出版社　（地址：兰州市天水南路 222 号　730000）
电　　话　0931-8912613（总编办公室）　0931-8617156（营销中心）
　　　　　0931-8914298（读者服务部）
网　　址　http://www.onbook.com.cn
电子信箱　press@lzu.edu.cn
印　　刷　兰州人民印刷厂
开　　本　700mm×1000mm　1/16
印　　张　12.5
字　　数　173 千
版　　次　2010 年 9 月第 1 版
印　　次　2012 年 4 月第 2 次印刷
书　　号　ISBN 978-7-311-03525-9
定　　价　38.00 元

（图书若有破损、缺页、掉页可随时与本社联系）

出 版 说 明

　　随着 20 世纪以来联系地、整体地看待世界和事物的系统科学理念的深入人心，人文社会学科也出现了整合的趋势，熔东北亚、北亚、中亚和中、东欧历史文化研究于一炉的内陆欧亚学于是应运而生。时至今日，内陆欧亚学研究取得的成果已成为人类不可多得的宝贵财富。

　　当下，日益高涨的全球化和区域化呼声，既要求世界范围内的广泛合作，也强调区域内的协调发展。我国作为内陆欧亚的大国之一，加之 20 世纪末欧亚大陆桥再度开通，深入开展内陆欧亚历史文化的研究已是责无旁贷；而为改革开放的深入和中国特色社会主义建设创造有利周边环境的需要，亦使得内陆欧亚历史文化研究的现实意义更为突出和迫切。因此，将针对古代活动于内陆欧亚这一广泛区域的诸民族的历史文化研究成果呈现给广大的读者，不仅是实现当今该地区各国共赢的历史基础，也是这一地区各族人民共同进步与发展的需求。

　　甘肃作为古代西北丝绸之路的必经之地与重要组

成部分,历史上曾经是草原文明与农耕文明交汇的锋面,是多民族历史文化交融的历史舞台,世界几大文明(希腊—罗马文明、阿拉伯—波斯文明、印度文明和中华文明)在此交汇、碰撞,域内多民族文化在此融合。同时,甘肃也是现代欧亚大陆桥的必经之地与重要组成部分,是现代内陆欧亚商贸流通、文化交流的主要通道。

基于上述考虑,甘肃省新闻出版局将这套《欧亚历史文化文库》确定为2009—2012年重点出版项目,依此展开甘版图书的品牌建设,确实是既有眼光,亦有气魄的。

丛书主编余太山先生出于对自己耕耘了大半辈子的学科的热爱与执著,联络、组织这个领域国内外的知名专家和学者,把他们的研究成果呈现给了各位读者,其兢兢业业、如临如履的工作态度,令人感动。谨在此表示我们的谢意。

出版《欧亚历史文化文库》这样一套书,对于我们这样一个立足学术与教育出版的出版社来说,既是机遇,也是挑战。我们本着重点图书重点做的原则,严格于每一个环节和过程,力争不负作者、对得起读者。

我们更希望通过这套丛书的出版,使我们的学术出版在这个领域里与学界的发展相偕相伴,这是我们的理想,是我们的不懈追求。当然,我们最根本的目的,是向读者提交一份出色的答卷。

我们期待着读者的回声。

总 序

　　本文库所称"欧亚"(Eurasia)是指内陆欧亚,这是一个地理概念。其范围大致东起黑龙江、松花江流域,西抵多瑙河、伏尔加河流域,具体而言除中欧和东欧外,主要包括我国东三省、内蒙古自治区、新疆维吾尔自治区,以及蒙古高原、西伯利亚、哈萨克斯坦、乌兹别克斯坦、吉尔吉斯斯坦、土库曼斯坦、塔吉克斯坦、阿富汗斯坦、巴基斯坦和西北印度。其核心地带即所谓欧亚草原(Eurasian Steppes)。

　　内陆欧亚历史文化研究的对象主要是历史上活动于欧亚草原及其周邻地区(我国甘肃、宁夏、青海、西藏,以及小亚、伊朗、阿拉伯、印度、日本、朝鲜乃至西欧、北非等地)的诸民族本身,及其与世界其他地区在经济、政治、文化各方面的交流和交涉。由于内陆欧亚自然地理环境的特殊性,其历史文化呈现出鲜明的特色。

　　内陆欧亚历史文化研究是世界历史文化研究中不可或缺的组成部分,东亚、西亚、南亚以及欧洲、美洲历史文化上的许多疑难问题,都必须通过加强内陆欧亚历史文化的研究,特别是将内陆欧亚历史文化视做一个整体加以研究,才能获得确解。

中国作为内陆欧亚的大国,其历史进程从一开始就和内陆欧亚有千丝万缕的联系。我们只要注意到历代王朝的创建者中有一半以上有内陆欧亚渊源就不难理解这一点了。可以说,今后中国史研究要有大的突破,在很大程度上有待于内陆欧亚史研究的进展。

古代内陆欧亚对于古代中外关系史的发展具有不同寻常的意义。古代中国与位于它东北、西北和北方,乃至西北次大陆的国家和地区的关系,无疑是古代中外关系史最主要的篇章,而只有通过研究内陆欧亚史,才能真正把握之。

内陆欧亚历史文化研究既饶有学术趣味,也是加深睦邻关系,为改革开放和建设有中国特色的社会主义创造有利周边环境的需要,因而亦具有重要的现实政治意义。由此可见,我国深入开展内陆欧亚历史文化的研究责无旁贷。

为了联合全国内陆欧亚学的研究力量,更好地建设和发展内陆欧亚学这一新学科,繁荣社会主义文化,适应打造学术精品的战略要求,在深思熟虑和广泛征求意见后,我们决定编辑出版这套《欧亚历史文化文库》。

本文库所收大别为三类:一,研究专著;二,译著;三,知识性丛书。其中,研究专著旨在收辑有关诸课题的各种研究成果;译著旨在介绍国外学术界高质量的研究专著;知识性丛书收辑有关的通俗读物。不言而喻,这三类著作对于一个学科的发展都是不可或缺的。

构建和发展中国的内陆欧亚学,任重道远。衷心希望全国各族学者共同努力,一起推进内陆欧亚研究的发展。愿本文库有蓬勃的生命力,拥有越来越多的作者和读者。

最后,甘肃省新闻出版局支持这一文库编辑出版,确实需要眼光和魄力,特此致敬、致谢。

余太山

2010 年 6 月 30 日

目录

导　读

　　L. 伯戴克教授(Luciano Petech)是继图齐教授(G. Tucci)之后意大利最杰出的一位藏学家,也是在国际上具有广泛影响的著名藏学家之一。他 1936 年毕业于罗马大学,获文学博士学位;1955 年担任罗马大学教授;1989—1995 年担任国际藏学会主席,意大利罗马大学东亚研究所荣誉退休教授;现在家安享晚年。

　　伯戴克教授的学术活动主要集中于中国史和中国印度关系史,以及印度历史地理研究领域,特别是中国西藏研究和喜马拉雅山国历史研究方面。他勇于探索,勤于著述,著作等身,成就辉煌。他的研究涉及藏学研究的诸多方面,并取得了巨大的成就。

　　在吐蕃历史文献与历史研究方面:伯戴克教授发表了《敦煌编年史考释》(Glosse agli Annali di Tun-huang, RSO, 42, 241-279. Repr. in Petech,261-299,1988)、《伯希和藏文卷子 1287 号的结构》(La Structura del MS. Tib. Pelliot 1287, RSO, 43, 253-256. Repr. in Petech,309-312, 1988)、《吐蕃王朝的瓦解》(The disintegration of the Tibetan kingdom,in Tibetan Studies: proceedings of the 6th seminar of the international association for Tibetan Studies, Fagernes 1992, pp. 649-659, Edited by Per Kvaerne, Oslo: The institute for comparative research in Human Culture)等文章。

　　在元代西藏历史研究方面:伯戴克教授发表了一系列有重要影响的成果,例如,《桑哥,元朝中国的一位藏族宰相》(《匈牙利亚洲东方杂志》,第 34 卷,1980 年,第 193－208 页;校正后的再版,见伯戴克 1988 年,第 395－412 页。Sang-ko, a Tibetan Statesman in Yüan-China, in AOHung, 34, 1980, 193-208, reprinted with some corrections in Petech 1988, 395-412)。在这部著作中,伯戴克依照藏文史书《汉藏史集》等书的记载,认为担任元朝右丞相的桑哥是藏族人。他的《蒙古在西藏

·欧·亚·历·史·文·化·文·库·

的括户》(M. 艾里斯编辑《H. 黎吉生西藏研究纪念文集》,沃明斯特,1980 年,第 233－238 页。The Mongol census in Tibet, in M. Aris. ed., Tibetan studies in honour of Hugh Richardson, Warminster, 1980, 233-238)一文专门探讨了元朝在西藏进行户口清查的问题。《元代西藏边缘地区的机构》(于伯赫和 J. L. 邦隆编辑《藏学研究》,慕尼黑 1988 年。Yüan organization of the Tibetan border areas, in H. Uebach and J. L. Panglung ed.,Tibetan Studies, Munich 1988, 369-380)分析了设立在西藏本部地区边缘地区机构的情况。而他的《元代和西藏有关的帝国王子们》(载 T．斯科鲁普斯基编辑《印度—西藏研究:D. L. 斯内尔格罗夫教授纪念文集》,特灵,1990 年,第 257－269 页。Imperial princes of the Yuan period connected with Tibet, in T. Skorupski ed., Indo-Tibetan Studies:papers in honour of Professor D. L. Snellgrove, Tring 1990, 257-269)则考察了参与经营西藏并与涉藏事务有关的几位元朝王子的情况。此外,他还对《吐蕃与宋蒙关系》(Tibetan relations with Sung China and with the Mongols in China among Equals: The middle kingdom and its neighbors, 10th—14thcenturies, Morris Rossabi ed., Berkeley: University of California Press, 1983, 173-203)进行了分析研究。

在清代西藏历史研究领域:伯戴克教授著有多部具有很大影响的著作,诸如《18 世纪初期的中原和西藏》(China and Tibet in the early XVⅢth century:history of the establishment of Chinese Protectorate in Tibet. T'oung Pao. Monographies, 1. Leiden: Brill Academic Publishers, 1950, 1972)、《1728—1959 年西藏的贵族与政府》(Luciano Petech, government and aristocracy of Tibet, Is. M. E. O, Roma, 1973, aristocracy and government in Tibet, 1728—1959)等,特别是后者,较为系统和深入地研究了清朝西藏贵族的历史,对于理清地方上层之间的关系、所扮演的社会角色,以及帮助人们了解清代西藏上层贵族家族历史,提供了很好的范本。他的《拉藏汗:西藏的最后一个和硕特统治者》(Lajang Khan, the last Qosot ruler of Tibet,1705—1717)对这位和硕特蒙古汗王拉藏汗的生平事迹作了系统和扎实的研究,而他的《西藏的达赖喇嘛

和摄政:一个编年史研究》(The Dalai-Lamas and Regents of Tibet:a Chronological study, T'oung Pao, Volume 47, Numbers 1-5, 1959, pp. 368-394[27], BRILL)一文,则对清朝西藏地方的另一项制度——达赖喇嘛和摄政制度的历史脉络进行了勾勒。他的《1860—1880 年到西藏的中国和欧洲旅行者》(China and the European travellers to Tibet, 1860—1880,T'oung Pao, Volume 62, Numbers 4-5, 1976, pp. 219-252, 34, Publisher: BRILL)还探讨了内地入藏旅游者和欧洲前往西藏的旅行者的相关史事。

在西部西藏区域史研究领域,伯戴克教授同样做出了突出的成就,这方面的代表性著作包括:《拉达克编年史研究》(A study on the chronicles of Ladakh [Indian Tibet], Reprint of the 1939 Calcutta edition. Delhi:1999)、《公元 950—1842 年的拉达克王国》(The Kingdom of Ladakh c. 950—1842 A.D. [Serie Orientale Roma, vol. 51] Rome: Instituto Italiano per il Medio ed Estremo Oriente, 1977)、《1681—1683 年的西藏、拉达克、莫卧儿战争》(The Tibetan-Ladakhi-Moghul War of 1681—1683, India Historical Quarterly,23,1947, pp. 169-199)、《在西部藏区和拉达克的止贡派》(Petech, Luciano. The 'Bri-gung-pa Sect in Western Tibet and Ladakh, in proceedings of the Csoma de Körös Memorial Symposium, Held at Matrafüred, Hungary, 1976, Louis Ligeti [ed.], Budapest: Akademiai Kiado, 1978, 313-325)、《雅泽、古格、普兰:一个新的研究》(Ya-ts'e, Gu-ge, Pu-raṅ: a new study, Central Asiatic Journal, vol. 24 [1980], 85-111)、《古格普兰地区年表》(A regional chronicle of Gu ge pu hrang, China and Tibet in the early XⅧth century: history of the establishment of Chinese Protectorate in Tibet, Autumn Vol. XⅫ, No. 3, 1997)等。

在西方传教士在西藏活动历史方面:他编著的《去西藏和尼泊尔的意大利传教士》(7 卷本)(I Missionari Italiani nel Tibet e nel Nepal),是研究意大利传教士在西藏活动无与伦比的重要资料;《藏文文献中有关特纳和博格尔出使的记载》(Luciano Petech. The Missions of Bogle

3

and Turner according to Tibetan Texts in T'oung Pao ⅩⅩⅨ,1950：330-346)，利用藏文资料补充了特纳和博格尔出使中国西藏地方的史事。

此外，伯戴克教授还著有《尼泊尔中世纪史》(Mediaeval History of Nepal , [c. 750—1480] 2nd revised ed. [Serie Orientale Roma, vol. 54], Rome：Institute Italiano per il Medio ed Estremo Oriente, 1984)、《亚洲史选集》(Selected papers on Asian history, Institute Italiano per il Medio ed Estremo Oriente, Roma. 1988)和《水经注中的北印度》(Northern India according to the Shui-ching-chu,Is. M. E. O,1950)等与西藏历史研究有关的成果。

伯戴克教授的许多研究成果曾被翻译介绍给中国的学术界,比如：《18世纪初期的中原与西藏》》(周秋有译,西藏人民出版社,1987年)、《1728—1959西藏的贵族和政府》(沈卫荣、宋黎明译,中国藏学出版社,1990年),以及他的一系列论文,应该说,伯戴克教授是中国藏学界十分熟悉的一位著名藏学家。

一

现在摆在读者面前的这部书(Petech, Luciano：Central Tibet and the Mongols：the Yuan Sa-Skya period of Tibetan history, Serie Orientale Roma, vol. 65, Rome：Institute italiano per il Medio ed Estremo Oriente, 1990),是伯戴克教授晚年的一部力作,同时也是作者10余年来研究元代西藏地方历史的一个总结,系统反映了作者对元代西藏史上许多重要问题的看法。在我个人看来,这也是近20年来国外元代西藏史研究领域水平较高的一项成果,值得一读。

本书共分6个部分。第一部分介绍主要的史料。汉文资料作者主要利用的是明初官修的《元史》一书,尽管该书存在着撰修仓促,以及官方立场的感情因素等问题,但依然是元代西藏历史无法或缺的重要资料,特别是《元史》卷87《百官三》宣政院条、《元史》卷202《释老传》、《元史》卷205《桑哥传》,以及本纪的相关资料等,价值仍不容低估。藏文资料无疑是作者十分关注的一块。他把藏文历史著作划分为3个主要种类:"即圣徒传记(rnam t'ar),世系谱(gduṅ rabs)和王朝史(rgyal rabs)或教法史(c'os'byuṅ)。其中第一类,通常只涉及它们的主人公的学习、传授和宗教上的发展;世俗的资料只是少量的。世系谱著作是最为有用的,尽管在许多场合它们变成了纯粹的人名目录,以及带有一些日期和粗略史料的人物肉体与精神关系表。第三类在所有的用途当中,通常具有综合性的特征,例如,《布顿教法史》(1323年),索南坚赞(bSod-nam-rgyal-mts'an)《世系史》(1368/1369年)和白玛噶波(Padma-dkar-po)的《教法史》(1575年)。一个突出的例外是第五世达赖喇嘛的《编年史》(HT5D:1643年),它大部分抄袭了《汉藏史集》(GBYT)一书,但是,有时也包含了在别处见不到的资料。"第二部分,作者重点探讨了元朝与萨迦地方政教势力合作关系的建立,并把它们以1260年为界分为前后两个时期。前一个时期被作者描述为这种关系初步确立阶段。"1219年,当时坐镇北京地区、防备女真(Jurcen)势力复苏的木华黎(Muqali)元帅,曾带来禅门临济宗的一位年轻僧人海云(Hai-yun,1202—1257年),引起成吉思汗的注意,随后成吉思汗征战中亚。在这一时期,皇帝同意汉族僧人免纳赋税和徭役,成吉思汗的后代继承者们延续并进一步确认这一特权。"

接着,本书探讨了蒙藏的早期接触,阔端邀请萨迦班智达前往凉州会谈,确定西藏归附大蒙古国之下,以及蒙哥汗对西藏的治理,八思巴从窝阔台系转至托雷系的忽必烈麾下等。"在1258年,八思巴开始依照藏传佛教的神秘教义,向忽必烈传授。这一事件,依照后世萨迦派的说法,把它看做是西藏人在蒙古人世界传教的真正开始。在同一年,他参加了第三次佛道辩论会,在此之后,他的晋升得势趋于稳固。忽必烈明确地选择他作为自己在西藏问题方面的顾问和工具。"后一部分则考察了1260年忽必烈登极以后,任用八思巴,在西藏地方实施各项政策与制度,以及平息西藏地方出现的叛乱事件;对八思巴在西藏的活动,本钦释迦桑布、白兰王恰那多吉、桑哥、阿迦仑等重要人物的事迹,处死贡嘎桑布、平定"止贡之乱"等事件,以及施行各项管理制度,都有

5

欧·亚·历·史·文·化·文·库·

简要的说明。

第三部分是研究元朝西藏制度结构,内容包括:第一,元朝设立在中央的机构即总制院和后来的宣政院和职官设置等情况。第二是帝师,伯戴克教授认为:"帝师是帝国政府中一个常设的职位,他享有无上的荣耀,部署重大安排,在总制院以及后来的宣政院中发挥着极为重要的影响力,宣政院的院使之一是由他推荐的。不过,我们必须永远记住:不管帝师如何受到尊敬,他只是皇帝设在朝廷的一名官员,很难进行任何违背蒙古人利益的行动。在中部西藏,他的法旨如同皇帝的圣旨一样具有效力,但是,他的命令是在地方机关官方文件的范围之内传达的。如夏鲁文示帝师发布命令(当,gtam)是在皇帝的权力(龙,luṅ)之下才有意义,尤其是在财产和特权的批准方面。除此之外,他没有直接参与对于中部西藏政府的实际管理。"第三,是元朝廷设在乌思藏地区的机构,即乌思藏、纳里速、古鲁孙等三路使司都元帅府,也即乌思藏宣慰使司。随着机构的设置,蒙古的大量职官和机构用语也引入西藏。元朝在那里驻扎着军队,"一些帝国的王子把持着统帅职位,并在属于西藏北部的管区内拥有封地,能够发布涉及恩准特权和任命官员的命令(令旨,lingǰi),就像帝师一样"。第四,是本钦问题。伯戴克教授认为:"本钦以他自己的权力管理萨迦寺的土地财产,除此之外,他以其能力作为帝国的一名官员在宣慰司的控制下行事。在此前提下,他是中部西藏自治政府的首领。"同时,伯戴克也分析了"乌思藏宣慰使"与"本钦"之间的关系。第五,考察元朝在西藏地方实施的人口普查问题。分析了人口普查的时间、承担普查的官员及乌思和藏两部分的范围、计量单位(霍尔都)、计算上的十进位制、僧户和俗户,以及最后获得的人口数据。第六,征税。元朝之所以在西藏地方清查人户,其目的就是为了实施征税,"在西藏和在汉地一样,人口普查之所以最为重要是基于这样一个事实,即家庭名册为整个地区的行政与财政体系提供了赖以依存的基础。从这份名册开始,在帝国全境实施有效的统一政策。蒙古人分配给作为庶民的西藏百姓的三项主要任务是:当兵、纳贡和服劳役(玛差勒松,dmag k'ral las gsum)"。"中部西藏的民兵组织是由本钦号召并指挥的,而且,它是由每一个万户提供人员而建立的,所提供兵员数目与其霍尔都的数目成一定的比例。"此外还包括,什一税和乌拉差役。第七,万户府。作者依据藏文史书《汉藏史集》的记载,考察了元朝在西藏设立的十三万户,"万户通常划分为两组:六个位于藏地和纳里速,六个位于乌思地区,另一个位于乌思和藏的交界地区。1268 年的人口普查,正如由阿衮和明灵在藏地,阿什杰在乌思拟定的官方记载里确定的那样,给每个万户派定一定数量的人口单位(霍尔都)"。第八,驿站。伯戴克教授认为:"就藏族地区而言,最初建立驿站在蒙哥可汗时期,当 1253—1257 年时,兀良合台(Uriangqdai)的军队远征姜域(lJan,云南),下令在脱思麻(多麦 mDo-smad,安多 Am-do)建立了两个驿站,与先前存在于汉地的驿站连接起来。另外两个驿站设在多堆(mDo-stod,康区),在喀热(Ga-re)和郭贝(Go-be),它们对同乌思藏的交通联络是极为有益的。"他还分别考证了驿站的位置。不过作者认为"乌思藏地区的驿站是在 1269 年建立的"。经过笔者考证,这一年代应该是 1264 年(张云《答失蛮其人及其经略吐蕃考实》,《中国边疆史地研究》1993 年第 4 期)。

第四部分是"元朝—萨迦统治的稳定时期(1290—1330 年)",重点探讨了昆氏家族嫡系后裔达玛巴拉(恰那多吉之子)去世(1287 年)、"止贡之乱"(1290 年)、桑哥被处死(1292 年)和忽必烈晏驾等一连串事件之后,西藏地方历史所发生的一些变化。主要围绕两个线索:一个是历代本钦管理乌思藏地方事务及相关业绩情况,例如阿迦仑的出色成就等,一个是萨迦昆氏家族内部发生的变化,即原来受到排斥,被放逐到江南普陀山的达尼钦波桑波贝,因为达玛巴拉的去世萨迦昆氏面临绝嗣而被召回萨迦,并众娶妻子,繁衍后裔。"如果说,在他出生时昆氏家族真正存在的问题是对后嗣缺乏的恐惧,那么,在他的去世这个问题上,则完全相反。他对皇帝的劝告忧虑于怀,并认真履行了使他的家族得以永存的任务。他的妻子们(1 位蒙古人和 5 名西藏人)为他生了 13 个儿子。这些儿子中的 11 人,直到他去世时依然活着。继承权的问题也许是一个棘手的问题。"公元 1322 年,在担任元朝帝师的他的

7

第二个儿子衮噶罗追坚赞(《元史》译作"公哥罗古罗思监藏"Kun-dga'-blo-gros-rgyal-mts'an)的主持下,简单处理,把西藏地区一分为四,形成细托(bZi-t'og)、拉康(Lha-k'an)、仁钦岗(Rin-c'en-sgan)和堆却(Dus-mc'od)四大拉章,这也导致并预示着萨迦政权势力的衰弱。

第五部分是萨迦政权的衰落与崩溃,分三部分探讨代替萨迦地方政权的帕木竹巴势力的崛起。首先,作者主要利用《朗氏宗谱》和《红史》的资料介绍了噶玛巴让迥多吉前往大都的经历及其对西藏地方政局所发挥的作用。接着重点分析了以今西藏山南乃东地方为根据地的帕木竹巴政教势力的早期活动。"在1335年或者1336年初,新皇帝妥懽贴睦尔试图牢固地控制在西藏的行政管理权,便派去了两名官员:藏族人司徒旺尊(dBan-brtson)和畏兀(维吾尔,Uighur)人钦察台平章(Qipčhaqatai)。他们担负着两项使命:一是召请喇嘛顿月坚赞(Lama Don-yod-rgyal-mts'an,属于仁钦岗拉章)前往首都,一是完成校订人口普查和征税的一次总检查工作。第一项使命,未能到达目的,因为那时顿月坚赞没有离开西藏,但是,第二项使命却按时完成,这主要得力于钦察台。"萨迦派面对帕木竹巴的崛起,联合蔡巴、唐波且、雅桑等,在本钦的领导下联合对付绛曲坚赞。其次,作者分析了绛曲坚赞和帕木竹巴万户的危难与成功。元朝曾经在1344年和1345年连续派出两批钦命使者,前往乌思藏清查人户或者校订人户数额,审理纠纷,并恢复地方正常秩序。绛曲坚赞既面临着挑战萨迦权威自身政治上的合法性问题,又面临着强大联军军事上的压力问题,经过艰苦努力,他克服了一个个困难,在赢得军事上成功的同时,也获得了越来越多的支持,从而度过了最艰难的时期。第三,作为西藏地方新的帕木竹巴政权的巩固。绛曲坚赞成功抵挡住来自本钦甲瓦桑布部联军所带来的压力,逐渐控制了乌思藏地区局势,伯戴克教授认为:"帕木竹巴的军事控制,是通过对曲弥的永久性占领而得以巩固的,尽管它形式上是细托拉章的一块领地,它是重要的驻防地,并且,安排多杰坚赞作为管家(gner),主要负责管理事宜。"1261年,他在大局已定的条件下派人到元朝廷,请来了"大司徒"的印信,从而获得合法身份,名正言顺地取代了萨迦地方政权。他的继承者"帕木竹巴,也就是绛曲坚赞的继承者释迦坚赞,经过元朝皇帝批准拥有'大司徒'、'昌国公'(C'an)和'灌顶国师'的称号,享有控制三个区喀的权力"。

最后一部分为简短的结论,也是作者对元代时期西藏地方几位历史人物的评价。伯戴克教授认为:"在蒙古人出现在西藏人视野以前很长时间内,萨迦班智达就已经是世所公认的一位著名学者和受人尊敬的宗教领袖。当危急的突发事件发生时,他的政治才能使他能够采取唯一可能的方式去应对不断迫近的威胁。只有他的威望能筹划行动方针,驾驭西藏的僧侣和贵族,把这个地区从严重的蹂躏中解救出来,保护了它的宗教和文化,同时,也使他自己的教派和家族担负起西藏社会的最高权力。"关于八思巴,他的看法是"皇帝的宗教政策带有在原则上对佛教的偏爱,而实际上西藏人这张招牌之所以获得皇帝的特别青睐,在相当的程度上得益于萨迦堪布的精心培植。但是,我们应该放弃有关八思巴在政治事务中作为一名有影响的皇帝顾问的概念,对此,不存在任何证据。甚至居住在汉地时,他有很长的工作时间不在首都,而住在临洮和其他地方,他通过个人关系对皇帝施加影响的可能性是极其有限的"。关于帕木竹巴万户领袖绛曲坚赞,作者认为,他"是一个相当强有力和充满人情味、饶有兴趣的人物。他赤手空拳,仅仅依靠一个衰退的,说得恰当一些,是一个摇摇欲坠的万户,在40年的斗争历程中,一步一步地建立起有权威的地位,最终成为中部西藏无可置疑的统治者。他的道路苦难重重,充满了障碍并遭遇到严重的挫折,无数次把他带进几乎毁灭的边缘。在克服所有困难的过程中,他个人最突出的才能是他的顽强不屈和他的坚韧,以及杰出的外交手腕与适度的灵活性相结合"……"他在相当程度上是一个现实主义者,目的在于权力的实质,而不在于它的外在装饰。差不多直到最后,他表面上仍对萨迦喇嘛表示尊敬,甚至在他最后的遗嘱(协且,zal-'c'ems)中,他还责成他的继承者,绝对不要在这一点上有所失误。"关于蒙元最高统治者在西藏所遗留下来的影响,伯戴克教授认为:"概括地说,最持久的影响是向往中央政府的持久感情,或者作为第二个强大的政权,能够在各种不同的自治体之间(如帕木竹巴和后来的达赖喇嘛政府那样)代表一个联合体的中枢,或者至少,限定了一个政治因素中的居首长位者,但是比各个单独的世俗或者教派的首领(诸如,仁蚌巴和藏巴)都更强大。人们再也不会认为带有从 10 世纪到 13 世纪早期的分裂和缺乏中央权威的特征是一个正常和自然的状况。"

通过本书的论述,读者对这一地区和这一时期西藏的历史会有一个大致的了解和认识。

元朝时期,把主要为藏族聚居的地区划分为 3 个行政区,藏文史书称之为"三区喀"(c'ol k'a gsum),即乌思藏、纳里速、古鲁孙等三路宣慰使司都元帅府,简称为乌思藏宣慰使司、吐蕃等处宣慰使司都元帅府(简称脱思麻宣慰司)、吐蕃等路宣慰使司都元帅府(简称朵甘思宣慰司)。由设在中央(朝廷)的宣政院直接管理,其 3 个地区之间并无隶属关系。本书所涉及的地区即是前者。

从史料上来看,本书较为充分地利用了研究这一时期历史的最基本的藏汉文资料,如《红史》(Deb t'er dmar po)、《新红史》(Deb t'er dmar po gsar ma),尤其是《汉藏史集》(rGya bod yig ts'aň)、《司徒遗教》(Si tu'i bka' c'ems)、《朗氏宗谱》(rLaň Po ti bse ru,与前者主体部分相同)和《萨迦世系史》(Sa skya'i dguň rabs),以及收录在图齐(G. Tucci)《西藏画卷》(Tibetan Painted Scrolls)中的《夏鲁文书》。汉文史料,作者主要利用了《元史》中的有关资料。值得注意的是,作者对这些史料做了十分认真的甄别和辨正工作,并对藏汉文史料用心加以对勘,使许多含糊的资料得到落实,大大提高了史料的价值,也使作者的立论有了坚实的基础。作者对汉文文献的理解和使用也十分准确到位,这也是难能可贵的。

从研究方法来看,作者很好地继承和发扬了西方历史语言学派的一些优良传统,重证据、重事实,能够充分吸收前人和同辈的研究成果,立论客观,论证严密充分,结论比较平实公允。作者十分重视藏文文献的使用,同时又不忽视汉文文献的重要价值。作者重视对涉及制度和重要问题的语源本义的探讨,又避免了烦琐的考证。对于学术界的优秀成果,作者基本上都能吸收进来,使自己站在一个较高的起点,并有广阔的视野。作者对元代中国史和相关制度的了解是相当深入的,所以,才"不为浮云遮望眼"。这与目前国际藏学界一小部分人怀抱偏见,不重视汉藏文原典的分析研读,尤其不读汉文史料,甚至对中国历史缺乏基本的常识,而是从某种需要出发,大谈所谓的西藏历史,还进一步从中得出一些结论的做法,可以说是大相径庭的。这种求真求实的学风值得称道。

在重要历史人物和重要制度的研究方面,本书也有自己的独到之处,对八思巴和绛曲坚赞这两位人物的研究算是这一方面的代表。关于八思巴的历史地位,尤其是他在元代西藏政治史上的地位,历来说法不一。本书作者在前人研究的基础上指出:"八思巴在政治的混乱迷宫中按他自己的方式控制的可能性很小,而且,从一开始他的角色就是一个被动者,是忽必烈在若干可能性之间的踌躇之后,选择他作为自己在藏族问题上的工具。在某种意义上,八思巴作为一位政治人物,是大皇帝的一部作品。大皇帝用武力两次强迫八思巴去统领一个不情愿的,最阴沉的西藏。八思巴的最后一张王牌是和皇帝家族成员的亲密关系,尤其是与皇后察必和皇储真金更密切。自然,皇帝的宗教政策带有在原则上对佛教的偏爱,而实际上西藏人这张招牌之所以获得皇帝的特别青睐,这在相当的程度上得益于萨迦堪布的精心培植。但是,我们应该放弃有关八思巴在政治事务中作为一名有影响的皇帝顾问的概念,对此,不存在任何证据。"(见结论部分)关于绛曲坚赞,本书作者认为,他是一个强有力而充满人情味的人,"在克服所有困难的过程中,他个人最突出的才能是他的顽强不屈和他的坚韧,以及杰出的外交手腕与适度的灵活性相结合"……"他在相当程度上是一个现实主义者,目的在于权力的实质,而不在于它的外在装饰"……"在他与帝国朝廷的关系中,他或多或少地遵循着同样的方针。他请求并获得的封号并不是特别高,他得到对他在西藏全权的一个默认,但是,绝对不否认皇帝的至高无上。这一政策由他的侄子和后继者继承下来,直到元朝灭亡为止。"(见结论部分)对夏尔拉章与桑哥的特殊关系,以及与昆氏家族的矛盾的论述;对八思巴在曲密举行法会的安排和意义的分析;对达尼钦布为防止昆氏绝嗣而众娶妻室,却又为萨迦的分裂和衰亡埋下祸根的论述等,均颇见细心与洞察力。在驿站、万户和人口调查(括户)等诸多问题上,作者都提出了自己的一些看法,颇有助于人们对相关问题的认识。

特别值得一提的是,作者吸收学术界的相关成果,对帝师的地位、权力以及他与皇帝的关系等原则性问题作了更加明确的论述,指出"我们必须永远记住:不管帝师如何受到尊敬,他只是皇帝设在朝廷的一名官员,很难进行任何违背蒙古人利益的行动。在中部西藏,他的法旨如同皇帝的圣旨一样具有效力,但是,他的命令是在地方机关官方文件的范围之内传达的。如《夏鲁文书》所示,帝师发布命令(当,gtam)是在皇帝的权力(龙,luń)之下才有意义,尤其是在财产和特权的批准方面。除此之外,他没有直接参与对于中部西藏政府的实际管理"。关于元代西藏地方的地位,作者认为"它(中部西藏——译者)变成帝国的一个地区,接着,被赋予一种在所有边疆地区所建置的制度",清晰地指明了元朝中国中央政府对西藏地方行使有效管理的客观事实。

此外,作者对"土番"(吐蕃)、"乌思藏"和"西番"(西蕃)的含义作了进一步的阐述,认为前者在元代是指青藏高原的东北缘地区,也就是安多地区。蒙古人从宋朝那里接受了这一术语。"乌思藏"是指中部西藏,而"西番"(西蕃)则是指元代中国西部的藏族地区,也就是康区等地,但是,有时也不严格地用来指称一般讲藏话的地区(见正文 12页注释 4)。这种说法与我国早一辈学者中的一种说法颇为近似。如陈志明的《西康沿革考》一书认为,在元代时期"吐蕃"与"乌思藏"因地域不同而详为划分,前者指昌都以东地区,后者指昌都以西地区。本书作者更进一步的阐述,也可供人们参考。

二

元代西藏史的研究,既限于史料的缺乏,又限于藏汉文史料的歧异,许多问题一时还难于做到系统和深入。本书作者无疑在这一方面做出了很大的努力,成绩是应该予以充分肯定的。但是,留给研究者的问题依然很多,要看到元代西藏历史的真面目,还有大量的工作要做,这既取决于史料的新发现,又取决于广大研究者的辛勤努力与智慧。

就本书自身而言,如果要求全责备的话,也存在一些有待解决的问题。依我个人浅见,主要表现在以下几个方面:

第一,史料的利用方面,一些较为重要的资料没有被利用。藏文史料,如释迦仁钦岱(Śhākya rin c'en sde)的《雅隆尊者教法史》(Yar luṅ jo bo'i c'os byuṅ,四川民族出版社 1988 年),噶托仁增才旺诺布(Ka t'og rig 'dzin ts'e dban nor bu)的《阿里贡塘世系》(mNa' ris smad guṅ t'aṅ du ji ltar byuṅ ba'i ts'ul,收录在《西藏史集五部》中,西藏藏文古籍出版社 1990 年)等。前者涉及"蒙古王统及其扩张史"、"萨迦世系"、"帝师世系"、"萨迦寺住持次第"、"四大拉章传承"和"萨迦本钦次第"等,对元代西藏史研究很有参考价值。后者是有关这一时期阿里地区史的一部有用的参考资料,有助于说明萨迦派在这一地区的施政。此外,对于元代藏文帝师法旨文书的利用还不够充分。在汉文史料的利用方面,对《元史》的利用可以说是相当充分的,但是,对元人文集和其他资料的发掘却还存在着不足之处。如姚燧《牧庵集》中的《皇元高昌忠惠王神道碑并序》,有关答失蛮事迹及其在西藏建立驿站的记载;又如收录在《常山贞石志》中的《重修大龙兴寺功德记》,有关胆巴国师出生地和主要事迹的记载等。在吸收学术界已有的研究成果方面,尤其是对中国学者有价值的藏学成果的吸收方面还很不够,如王森的《关于西藏佛教史的十篇资料》(中国社会科学院民族研究所油印本 1965 年,1987 年由中国社会科学出版社出版,改名为《西藏佛教发展史略》)一书,对西藏佛教史和元代西藏史的研究颇有创获,对元代十三万户问题多有见解,但是在本书中并未提及。还有黄颢对索南札巴的《新红史》(西藏人民出版社 1984 年)和巴卧祖拉陈瓦的《贤者喜宴》(译文大部分刊载于《西藏民族学院学报》1980 年至 1986 年各期)两部史籍丰富的注释,蔚为可观,在本书中也未见提到。这不能不说是一个

13

缺憾。

第二,就内容而言,本书也存在一些问题。例如:(1)关于乌思藏十三万户问题。作者提出了不同于前人和同辈学者的观点,认为元代乌思藏地方的十三万户,最可能的结果是:位于藏地和纳里速的古格、普兰、芒域贡塘、南北拉堆、曲密和夏鲁;位于乌思地区的帕木竹巴、蔡巴、甲玛、嘉玉、止贡和雅桑;位于乌思和藏地的雅卓。这个问题学术界目前仍无定论,还需大力探索。作为个人的一种见解在这里提出来无疑是可以的。可惜,作者这一大胆的结论既缺乏汉藏文的史料依据,也未见深刻透彻的论述。具体来说,把阿里的3个地区纳入十三万户之列未见有可靠的文献证据。又汉文史书中明确记载有达隆(《元史》作"思答笼剌")万户和"嫠笼答剌万户",在这份名单中未见反映。(2)关于元朝在西藏建立驿站的时间,作者采用《智者喜宴》的说法,将其确定在1269年。这与《汉藏史集》所引忽必烈皇帝的敕书,宣称在吐蕃置驿,目的是为了使上师八思巴前往西藏时一路顺利的说法存在不一致的地方。因为八思巴进藏是在1264年,按照《汉藏史集》的说法,置驿只能在这一年或者此年以前。对此作者并未予以深究。(3)对阔端的去世日期,藏蒙文献所载大体一致,均认为他的确与萨迦班智达殁于同年,也就是藏历阴铁猪年,即公元1251年,学术界大体也赞成这一说法。本书作者是未寓目,还是不同意?既未加说明,也未予辨析,依然在1253年的事件中提到阔端的活动与其发挥的作用,颇令人费解。(4)本书中提到了"Be li"或者"Bi li"首领跟随萨迦班智达前往凉州向阔端投诚的事实,作者却并不了解此为何部,居住于何处。实际上,他们就是后来的"白利"(Pe li)。元代时期,他们主要活动在今青海玉树地区。后来,一部分迁徙到甘孜和德格等地。明朝末年,信奉苯教的"白利土司"(Pe li rgyal po 或者 Pe li dpon)顿月多吉(Don yod rdo rje)向藏巴汗致书,企图联合消灭佛教格鲁派和其他教派。后来又被应五世达赖喇嘛之邀,率兵入藏的和硕特蒙古汗王顾实汗所击败,时在1639年。清代藏文史书《青海史》(松巴堪布益西班觉著)、《汉藏蒙佛教史》(阿芒贡却群培著)等,对此都有记载。他们的活动地在康区,更具体地说,就在今四川西北部的甘孜藏族自治州治地甘孜的西部地区。明朝根据其部设有行政管理机构。留居玉树的部落,仍活动在今治多一带,清朝时期在这里设立有"白利司",他们的自述也提到从玉树迁徙到甘孜的不平凡经历,分居两地的白利人尚且保持着相互之间的联系。此外,作者对帝师的地位与作用的论述,虽然切中要害,但是,还显得单薄和不够充分,帝师的继承表和年表也有可以商榷的地方,对于本钦的论述有些地方显得过于武断等。

尽管如此,丝毫不改变我对此书充分肯定的基本看法。据我所知,伯戴克教授是当前健在的为数不多的几位老一辈藏学家之一。本书大概也是作者一生从事学术研究的总结性著作之一。从本书中,我们能够看到前辈学者严谨的治学态度和顽强的探索精神。如果我们能从这一方面汲取营养的话,相信同样会有不菲的收获。至于他充分利用藏汉文文献,并认真将两者相互对勘,能从元朝中国历史的大背景中去认识西藏地方史的内涵的方法,更是值得人们学习和思考的。依我浅见,研究西藏地方史绝对不能离开中国史,离开了这个大背景,许多问题只能是隔靴搔痒,甚至永远无法找到真谛。这不是你对西藏史或者对西藏地方与中国历代王朝关系史持有什么态度的问题,而是你是否要深入研究西藏史,是否能够真正把握历史的本质问题。具体来说,不掌握丰富的藏文史料,是无法研究西藏地方史的,也可以说无法入其门,这是大家都应该明白的。但是,藏文史料中往往缺乏年代、缺乏背景,而且存在过多的佛教传说和史实被改窜的问题,这就像汉文史料对西藏的记载缺乏事实细节,对人物、事件的描述残缺不全,甚至还带有偏见一样。因此,需要两者之间的相互认真对证,纠谬勘同,才能使史实落到实处。这是由长期以来汉藏两族以及中国境内各族文化相互交流的历史决定的,是西藏历史发展的趋势和归宿——成为中国领土不可分割的一部分的客观事实所决定的,离开了密切的政治关系史、民族融合史和民族经济文化交流史,如何来谈西藏地方史呢? 当然,如果在深挖藏文史料丰富内涵的基础上,能进一步掌握中国西北、西南相关各族的历史,以及他们与西藏的关系史和文化交流史,也掌握青藏高原周边相

15

关地区和国家的历史,以及他们与西藏的文化交流史,那么,就会对西藏历史和文化的认识更上一个层次,就会有深入的认识。列位读者,不知以为然否?

本译著是在十八九年前旧译稿的基础上整理而成的。当时,我正在南京大学历史系元史研究室攻读博士学位,为撰写博士论文的需要而翻译了此书,没有想到它有出版面世之日。2002 年初版由云南人民出版社作为国外学术著作翻译系列印行,承蒙余太山研究员之约,将此书纳入其中。此次再版,我又应主编余太山先生和兰州大学出版社负责编辑的要求,增补了译者的话成为全书的导读,同时,对译文做了认真的核实校对,将发现的错误一一改正。由于近期杂事缠身,这项工作得到内人杨玲女士的协助,再次表示感谢。如果由此引起对原作的误解,其责任自然应该由我个人负责。

最后,在该书再版之际,我还要对本书的作者伯戴克教授和该书原出版者意大利中东远东研究所表示感谢,他们欣然授权出版该书的汉译本,为中国读者能够看到该书提供了一个良好的机会。

2010 年 3 月于北京

原著前言

我对元代西藏史的兴趣,可以追溯到 1978 年,那时我参加了在伊萨夸(Issaquah)举行的"10～13 世纪东亚多国关系"的学术讨论会。我向大会提交的论文,被发表于加利福尼亚大学出版社 1983 年出版的《对等中的中国》一书中,它是我对有关本问题最初的和有些过于仓促的先声。此后,我继续在这块领域里耕耘,本书算是我对 13、14 世纪藏族史全方位研究和考察的最后总结。

我希望本书能给大家提供一个有关元朝时期较为复杂的中部西藏政治体制与机构的中立性观点,同时,驱除这些年以来扰乱我们学术展望的、并不存在的"西藏总督"(viceroys of Tibet)的幽灵。

回顾缓慢而艰辛的工作历程,我深深感到:正是由于现有的资料的实质,它对帕木竹巴(《元史》作"伯木古鲁"P'ag-mo-gru)的崛起和元朝—萨迦(《元史》作"萨斯迦"Yüan-Sa-skya)政权的衰微事件及人物的描述过多过重,从而使其自身显得不足为据。但是,我们别无选择,只能依赖绛曲坚赞(Byaṅ-c'ub-rgyal-mts'an)自传,该书是一部无与伦比的文献作品,是迄今为止有关 14 世纪中后期最丰富和最详尽的资料。我尽最大努力,最好躲过这一陷阱,但是,我希望正在该领域从事研究工作的同行学者们能告诉我:我是否成功了。他们深思熟虑的评价,对我晚年这一创作来说,是最好的酬答。

卢西亚诺·伯戴克
1990 年 3 月

1　导论:史料

本章打算介绍一下较长一个时期以来的研究成果,其中有些已经在近些年里以论文或者会议文集的形式展示给了大家。

我的工作并非完全彻底,目的仅在于描绘一幅以蒙古皇帝与萨迦寺院之间伙伴关系的独特形式为特征的,西藏历史时期的大事件及其发展的全景式图画。既然导致这种伙伴关系的过程已经是众所周知的事情,我们就把重点放在有关这一政体的建制,及其全盛、衰落和灭亡等课题方面,这些尚未引起当代学者的足够注意。

我们关于西藏历史这一个半世纪的知识,几乎独一无二地来自藏文和汉文资料,蒙古文献是晚近的和补充性的材料,绝大多数获自藏文原书。二者的集中并用,对于重构重大事件与制度而言,是唯一有效的方法。摆在我们面前的一个最大障碍,是二者完全不相一致的特性。

汉文资料主要是元朝官方的历史(YS,即《元史》),同时期的其他资料,作用比较小。由于《元史》仓促成书,在这里论述它的缺陷是没有必要的。除此之外,其基本事实,诚如巴拉兹(E. Balázs)所言,中国的王朝史是由带有特殊感情的官员为官方撰写的,而且其中还包含着利益。纪年部分(pen-chi,本纪)与中部西藏相关的条目极少,但它们有助于确定日期。职官地理志(卷60和卷87)有些混乱,这不仅因为它们把在不同时期设立的职官与机构混淆在一起,而且由于从中难于确定制定元朝边疆政策的大批政府机构所发挥的现实作用。卷203用来记述佛教和有关八思巴、帝师及其他佛教人物的行状,是该书中特别潦草的一章,而且有时显然是错误的。

藏文历史著作可以分为三个主要种类,即圣徒传记(rnam t'ar),世系谱(gduń rabs)和王朝史(rgyal rabs)或教法史(c'os 'byuń)。其中第一类,通常只涉及它们的主人公的学习、传授和宗教上的发展;世俗的资料只是少量的。世系谱著作是最为有用的,尽管在许多场合它们变成了纯粹的人名目录,以及带有一些日期和粗略史料的人物肉体与精神关系表。第三类在所有的用途当中,通常具有综合性的特征,例如,《布顿教法史》(1323 年),索南坚赞(bSd-nam-rgyal-mts'an)《世系史》(1368/1369 年)和白玛噶波(Padma-dkar-po)的《教法史》(1575年)。一个突出的例外是第五世达赖喇嘛的《编年史》(HT5D:1643年),它大部分抄袭了《汉藏史集》(GBYT)一书,但是,有时也包含了在别处见不到的资料。

除了索南坚赞的《王统世系明鉴》之外,14 世纪留给我们的史料还有两种:一部是《红史》(Hu lan deb t'er [HD]),也有人错误地称之为"Deb t'er dmar po",该书作者是蔡巴万户长贡噶多吉(《元史》作"擦里八公哥朵儿只",'Ts'al-pa k'ri dpon Kun-dga'-rdo-rje,1309—1364年)。他在 1346 年开始撰写,并且可能是在 1363 年完成了该书。它已经有两个版本:第一种是 1961 年在甘托克出版的,采用热·巴哈杜尔·邓萨巴(Rai Bahadur Densapa)拥有的单行手抄本;而另一种是1981 年在北京出版的,并且由东噶·洛桑赤烈(Duṅ-dkar Blo-bza ṅ-'p'riṅ-las)对原文增补了大量有多种价值的注释(683 条)。这一版本是以保存在拉萨和北京的 9 种刊本为基础形成的。它是一个包含增补部分的修订增广本,在增补部分中,包括论(Doctrine)和律(Vinaya)的传播的一章、有关噶玛派(Karma-pa)的另一章,以及有关蔡巴派的第三章。但是,第一章和第三章显然属于原始文献,有关噶玛派的一章长得不成比例(几乎是全书的四分之一),而且与该书的结构不完全吻合。它大概是一个更晚近的增补。它与 KARMA(噶玛)第一部分的联系是显而易见的,不过,我不打算确定这一部分是否是抄自 KARMA(噶玛)或者是以其他方式来完成的这个问题。我认为,把《红史》的这一章看做是同样独立的一部著作(《红史》-2),是恰当的。

比相当粗略的《红史》的描述更有价值的著作是《司徒遗教》(Si tu'i bka' c'ems,LANG),习惯上也称之为"帕木竹巴王朝的建立者大司徒绛曲坚赞(Byaṅ-c'ub-rgyal-mts'an,1302—1364 年)遗训"。该书的前面是带有虚构色彩的有关朗氏家族(rLaṅs)的来历,又称作《朗氏宗谱》(rLaṅs Po ti bse ru)，它的一个标题包含有两部分内容。对于萨迦政权的末期而言，该书代表了我们的基本资料。大司徒的政治遗嘱，实际上只占很少的篇幅，放在最后，该书的主要内容是 1361 年以前他的政治活动的详细报告。

较早而更具重要价值的、非同时代的资料是《汉藏史集》(rGya Bod yig ts'aṅ［GBYT］)。它是由释利菩提巴德拉(Śrībhūtibhadra)在 1434 年撰著的。25 年前，麦克唐纳夫人(Mme Macdonald，即斯巴尼安 Spanien)对此书进行过精湛的研究。在一些史事方面，该书可列为原始资料，其所依据的就是像《大元通制》(Ta Yüan t'ung-chih)这样的元代时期的佚失文献。

15 和 17 世纪一些规范的原始著作，提供了有主见的证据，这样的著作有熏奴班(gŽon-nu-dpal)的《青史》(Deb t'er sṅon po，1476—1478 年)，索南查巴(bsod-nams-grags-pa)的《新红史》(Deb t'er dmar po gsar ma，1529 年)，贡噶索南查巴坚赞(Kun-dga'-bsod-nams-grags-pa)的《萨迦世系史》(Sa skya'i gduṅ rabs，1629 年)和司徒班钦却吉迥乃(Si-tu Pan-c'ěn C'os-kyi-'byuṅ-gnas)的《噶玛》(Karma Kam ts'aṅ brgyud pa，1775 年)。更晚的重要文献如《松巴堪布(Sum-pa mK'an-po)［如意宝树］史》和《蒙古佛教史》(Hor C'os-'byuṅ)，没有独立的价值并且在本论题的研究工作中未被利用。

家族世系谱，这类著作如《叶如北方王统》(BYANG)和《喀热内氏世系简况》(NYOS)，专注于家族系谱的事情上，而且通常只给出少量的细节。

在京城的帝师，因偏爱夏鲁(Ža-Lu，《元史》作沙鲁)万户长而颁降的《夏鲁文书》(ŽL)，对于帮助了解元帝国在西藏的施政的实际状况，有无法估量的价值。

最后一小部分资料，是通过八思巴('P'ags-pa)所写的信函与短论的标题，以及在甘珠尔(Kangyul)和丹珠尔(Tangyul)中翻译并修订著作的记录而表述的。

将所有这些资料综合在一起，还有一些烦心的困难，它们不仅显露出各不相同的外部特征,甚至出现相反的思想内容:一方面是[汉人的]枯燥的史事素材,官僚政治;另一方面是[藏人的]出世的和僧侣的内容(只有《朗氏宗谱》和《汉藏史集》等部分著作例外)。它们相互之间好像始终互不重视对方。在这一点上,八思巴可以算得上是一个例外,除了他,那些在汉文文献中有传记的僧人们(如果有的话)在藏文史料中同样暗淡无光、模糊不清,有时,要鉴别他们的身份相当困难。

2 元朝—萨迦合作关系的建立

2.1 发端时期(1260 年以前)

正在崛起的蒙古政权,几乎同时面临着制定一项与新征服地区有组织的宗教相关联的制度。就中国而言,这个问题反复被论述过[1],而我们大家在这里最需要的是一个关于总体发展的简明概述。

第一阶段始于 1219 年,当时坐镇北京地区、防备女真(Jurčen)势力复苏的木华黎(Muqali)元帅,曾带来禅门临济宗的一位年轻僧人海云(Hai-yün,1202—1257 年),引起了成吉思汗的注意,随后成吉思汗征战中亚。在这一时期,皇帝同意汉族僧人们免纳赋税和徭役,成吉思汗的后代继承者们延续并进一步确认这一特权。1242 年,海云与王子忽必烈(1219—1294 年)建立了特殊的关系,并且成为他的儿子,即后来的皇太子真金的宗教老师。1247 年,贵由可汗让他做中国北方地区佛教徒的首领。蒙哥在 1251 年登基后确认他继续就任此职。

几乎与此同时,一位颇为神秘的人物出现了,这就是那摩(Na-mo)。他是一个来自西部国家的人,也许来自克什米尔(《元史》作迦湿弥罗),或者可能来自西藏。他在 1247 年被聘为国师(kuo-shih),并在 1252 年被蒙哥委以管理全国佛教事务的权力,他的地位或者是高于海云,或者取代了其地位。总之,海云从此消失。在 1255 年和 1256 年那摩率佛教代表团进行了反对道教的第一次和第二次辩论,蒙哥亲临现场。辩论结束后,他受命向外界传达皇帝关于反对道教的决定。掌管北部中国的蒙古领地,并且在这一地区拥有直接权力的忽必烈王子,

---

〔1〕拉契涅夫斯基 1954 年;戴密微 1957 年。本书的全部注释直译原书,个别译者注已经标出。

—— 编者注

5

·欧·亚·历·史·文·化·文·库·

让他的被保护人、年轻的藏族人八思巴给那摩做同事。那摩还参加了由忽必烈召集的第三次和最后一次(1258 年)辩论。而这也是我们获得的有关他的最后的信息。

在短短几年以后,一个专门从事佛教事务的常设政府机构建立起来了(参阅下文 3.1)。它不是由汉族僧人,而是由西藏僧人掌管的一个机构,忽必烈和他的后继人在这个特殊的战场上,同样把这些西藏僧人作为工具,加以利用。

关于蒙古人与西藏之间的首次接触,我在另一篇文章中探讨过[1],以下我只不过是将我早期的结论概括叙述一下。

第一批会见成吉思汗的西藏僧人是藏巴东库瓦(gTsaṅ-pa Duṅ-k'ur-ba)和他的 6 名弟子。成吉思汗接见他们大概还是在蒙古地区(1209—1210 年),但是,或者更可能是在西夏王国(Tangut, 1215 年),在那里他通过一位翻译同他们交谈。[2]

依照稍晚的一则蒙古传说,在 1206 年成吉思汗进军攻打一个藏王,该王投降了,当时征服者向萨迦寺的住持发了一封信。在晚期的藏文著作中也发现同一传说的一种不同版本,诸如巴桑迥桑(dPag bsam ljoṅ bzaṅ)和《蒙古佛教史》(Hor C'os 'byuṅ)。所有这些都归结为没有历史依据的传说。[3] 可汗窝阔台,或者更可能是他的弟媳妇唆鲁禾帖尼和他的儿子蒙哥、忽必烈和旭烈兀,邀请喇嘛贡塘巴(Guṅ-t'aṅ-pa)到帝国的帐篷中去并且数次招待。根据藏文史料,"这是蒙古人寻求宗教的开始"。[4] 忽必烈给他 1242 年出生的长子起了个十足的藏

〔1〕伯戴克 1983 年,第 179 - 181 页。

〔2〕KPGT(《汉藏史集》),第 793 - 794 页。他与藏布巴衮却僧格(gTsaṅ-po-pa dKon-mc'og-seṅ-ge,死于 1218 年)是同一个人,关于他的情况,参见 KARMA(《噶玛康仓举巴传记》)第 28 页 b 面,和史伯岭 1988 年,第 41 页。

〔3〕这是 G. 图齐(Tucci)TPS(《西藏画卷》),第 8 - 9 页和冈田(Okada)的意见。这个问题是由陆宽田(Kwanten),第 15 - 17 页和魏里(Wylie)1977 年,第 105 页讨论并最终以解决的。

〔4〕KPGT,第 793 - 794 页。这个人被认为是属于蔡巴系统的人。在窝阔台时代,蔡巴的堪布是桑结本(1224—1231 年),桑结宁布(1231—1238 年)和桑结熏奴(1238—1260 年)。然而,在 BA(罗列赫译注《青史》)第 716 - 717 页的堪布名单之中,以及在对蔡巴报道更详细的 HD - 2(《红史 -2》)第 126 - 149 页中都没有提及此人。

6

族名字多尔吉(Dorji, rDo-rje 朵儿只),可能与这位大寺院住持的影响有一定的关系。

这些没有恶意的交往,以及立刻传播开来的有关蒙古征服者与暴行的描述,在西藏助长了危险临近的意识。早在1236年,业已弥漫着对遭受入侵的恐惧,而且,当时出现了像彩虹、打雷和大地震那样的不祥之兆,好像将引来灾难。达隆塘巴·仁钦衮(sTag-luṅ-t'aṅ-pa Rin-c'en-mgon,1190—1236年)为了使他的辖区的人民消除疑虑,"预言"蒙古人不会来。[1]

然而,大动荡还是在几年以后发生了。当1239年,窝阔台的次子阔端接受了一个在藏文中叫做"羌奥"(Byaṅ-ṅos,北方,即凉州)的广阔封地,总部设在凉州,西藏便成为蒙古人扩张的目标。他被安置在与西藏邻接的地区,比如古老的宗哥(Tsoṅ-k'a)王国,以及十分繁荣的北部商道上。商人们确实给他提供了大量的情报。在他的助手中,也有一个来自乌思藏(dBus-gTsaṅ,中部西藏),名叫赵阿哥潘(Chao A-ko-p'an)的人[2],赵是汉人姓氏。也许这个人在很久以前定居凉州并被汉化。他可能在向王子报告西藏局势方面发挥了一定的作用。

1240年,阔端向西藏派遣了一支由道尔达(多达,Dorda)率领的军队,弥里乞(Mi-li-byi)指挥先遣队先行,他们向南抵达索曲卡(Sog-c'u-k'a)和盆域('P'an-yul)河谷,结果重创了杰拉康寺(rGyal Lha-k'aṅ)和热振寺(Rva-sgreṅ)。[3]

有一种意见认为,在1240年或者稍后几年,在西藏首领们召开的

---

〔1〕CBGT(《智者喜宴》),Na函第54页 a – b面记载有达隆塘巴(sTag-luṅ-t'aṅ-pa)的生平。

〔2〕YS(《元史》),卷123,第3028页。

〔3〕KPGT,第407页、第409页、第449页、第794页(在那里名字拼作 Dor-tog);DMS(《新红史》)第181页;PMKP(《白玛噶布教法史》)第281页 a 面。依据另一份文献,道尔达招募苦力服役,南至聂(gÑal)、洛若(Lo-ro)和恰布(Byar-po),LANG(《朗氏宗谱》)第231页。这个与另一个含糊报道的片段相吻合。一个家族的首领恰仁钦(Bya-rin-c'en)在艾(E)、聂(dMyal = gÑal)、恰尔(Byar)、达布(Dags-po)和洛若(Lo-ro)发挥着巨大的影响,他击退了蒙古入侵者并被推举为整个上述地区的领袖,BA 第1088页。然而,第一次侵入即能深入到南部,这似乎是不可能的,而且,我怀疑,在这里和另外一支蒙古军弄混淆了,比如和1290年的那一次,后一次贯穿了上述地区。

·欧·亚·历·史·文·化·文·库·

一次会议上,决定委派萨迦寺的住持作为代表,尝试与蒙古人达成一项协议。[1] 我们所掌握的资料并不支持这一假设,至少不是采用这一方式。我们知道,无论如何,蒙古人第一次来到中部西藏之前不久,中部西藏由于激烈的内部冲突业已存在分裂,加瓦央衮巴(rGyal-ba Yaṅ-dgon-pa,1213—1258 年)还曾充当调解人。[2] 内部的冲突,加上对更进一步的破坏性侵袭的恐惧,也许会达成一种默契或共识:得有人去与蒙古人谈判。一位谈判者,甚至假设是自封的,他肯定要解释西藏人的担心与希望;而且,这也有助于说明萨迦班智达如何能作为他们的代表。

这些事实众所周知,而且会像下文概括的那样:当道尔达抵达达木('Dam)时,热振寺(Rva-sgreṅ)逃脱了毁灭。该寺的住持,大概担心被"邀请"到蒙古营帐中去,便向入侵者提起了贡噶坚赞(Kun-dga'-rgyl-mt'an,1182—1251 年)的名字,通常人们都称他为萨迦班智达(Sa-skya Pandita,或者简称萨班),他无论是作为一位大众性的作家,还是作为宗教领袖,都是著名的人物。在 1244 年,阔端召他前来凉州(Byaṅ-ṅos)。[3] 这位住持在同年动身,旅行极为缓慢而又从容,他的两个侄子八思巴和恰那多吉(P'yag-na-rdo-rje)与他相伴而一同前往。1246年 8 月,他到达凉州,在那里等待阔端王子。此时,阔端已去中部蒙古参加忽邻勒塔大会,该次会议选举贵由为新可汗。王子与住持在 1247年 1 月会面,正是从这一年起,我们可以确定萨迦—蒙古联系的日期,这一事件将影响西藏此后数百年的命运。

如果我们不得不相信萨迦班智达率领一群人,或者一个部族同来凉州的简短的暗示,显然,萨迦班智达没有单独来此。在他给西藏首领们的信里(关于这一封信参见下文)说道:"我建议随我而来的白利

---

〔1〕TPS,第 8 页。

〔2〕CBGT,Na 函第 37 页 a–b 面,朗顿瓦(Glaṅ-don-ba,也就是加瓦央衮巴 rGyal-ba Yaṅ-dgon-pa)传记。

〔3〕BA,第 211 页;KPGT,第 449 页、第 751 页、第 794 页;KARMA,第 62 页 a 面;SKDR(《萨迦世系史》),第 49 页 b 面。舒(Schuh)1977 年,第 31–41 页,表明那封由阔端发出的召请信是后来伪造的。

（Bi-ri）归顺。"[1]我们不知道他们是谁，但是，我们必将会再次遇到他们。

我们可以不去计较萨迦班智达在凉州卓有成就的宗教活动，以及他使阔端从重病中重新获得健康的感人故事。如果限于我们自己讨论的政治问题方面，作为会谈的成果，萨迦住持扮演了蒙古政府在其故土上的代理人的角色。他给西藏教会和世俗当权者寄去了一封很长的供人们传阅的信笺。它是一份真正的政治宣言，是按照阔端和蒙古拟订的条件，为了使西藏避免遭受蒙古军队破坏性入侵而颁布的。首先，必须由西藏僧俗领主（dpon）无条件地接受蒙古的君权。其次，他们的权力将由蒙古人确认并正式任命；进行人口普查，将领主的名单、他们的属民及其各自应交纳的贡赋数目，写成一式三份，一份上交给阔端，另一份交由萨迦保管，第三份由领主自己保存。领主们在其领地上，必须遵守蒙古法律，并和萨迦的金字使者（gser yig pa）商议来行使其行政管辖权。贡物和税金必须首先由蒙古人征收，其次由萨迦的官员来征收。所有这些需要的东西，必须立即交上并且不容迟疑，而试图反抗则将被证明是毫无意义的。这份声明末尾开列了作为贡物交纳的当地土产货物的清单。[2]

这份文献试图说明萨迦是蒙古人在西藏利益的唯一代表者（除了财政事务以外），寺院住持的地位，是蒙古宗主权之下的封建领主。这是和蒙古人在其他一些地区一贯的政策相一致的，他们认为在这些地区强行行使直接统治权是不合适和不方便的。他们接受当地的统治者归顺，并对皇帝的权力负责，如果某地没有负责的首领，他们就努力树立一个人，就像我们眼前所看到的事例一样。

但是，文献中对于将来的描述基本上只是一个理论性的推测，而政治的发展则另行其道。当蒙古—萨迦合作关系最终得以实现时，它有

---

〔1〕《萨迦全集》，第 5 卷第 215 页 b 面；SKDR，第 58 页 b 面。

〔2〕这封信，依据《年表》（Re'u-mig）第 26 页，日期应该在 1249 年，见于《萨迦全集》第 5 卷第 214 页 b 面至 217 页 a 面和 SKDR 第 57 页 b 面至 59 页 b 面。在 TPS 第 8－10 页有译文。舒 1976 年，第 230－233 页注释 20 提供了详细的摘要。

所不同,带有可汗统治权力深深的承诺。

实际上,在此时整个局势正经历一场根本性的变革:贵由在 1248 年去世,蒙哥作为他的继任者在 1251 年 7 月被选为可汗,萨迦班智达也在 1251 年 11 月 28 日圆寂于凉州的幻化寺(sPrul-pa'i-sde),那里仍然保存有他的遗物。[1] 皇帝摈弃了窝阔台系,对藏关系发生新的转变:在某些时间排斥萨迦势力,永远排斥阔端和窝阔台系。

蒙哥是一位才智出众的统治者和严明法律的执行者,他的基本政策之一就是实行中央集权制,并牢牢控制由察合台和窝阔台系管辖的领地(ulus);只有术赤一系,由拔都和他的后继者们代表,要谨慎处事。[2] 虽然他竭力控制帝国的政府机构,却也承认,甚至扶持王族子孙领地系统(蒙古文作 qubi,汉文作"份地"),后者在他的家族传统中有着深厚的根源。[3]

这位新皇帝立刻显示出在西藏事务方面的兴趣,同时,他期待不久在伊朗和中国北方展开大规模的战役,所以,他不打算在西藏实施直接的统治。另一方面,他显然把萨迦班智达和阔端之间达成的协议看做是一个非官方的协议,皇帝不受其约束。他采取另外一种方式,并且给他的家族成员封授蒙古权力的行使权,以新的方式予以支持,迄今为止,这种封授只是理论上的假设而已。

在他登基的同一年(1251 年),甚至或许在萨迦班智达圆寂之前,他向外界公布了在西藏的领地分封。这一点我们是从藏文史料中获知的,在汉文和蒙古文文献中,没有提及此事。西藏人完全从宗教的立场看事情(如同今天一样)。对于他们来说,分封不是蒙古的一项准封建制度的序说,而只不过是蒙古皇族与西藏教派及僧侣们之间确立"供施"(yon-mc'od,保护人—门徒,施主—接受者,门徒—师傅)关系,这样一种关系自古以来为他们所熟知。通过这一决定,可汗自己"保护"

---

〔1〕《萨迦全集》第 2 卷第 15 页 b 面。关于幻化寺('P'rul-pa'i-sde)的情况,参阅 TPS 第 680 页注释 40 条。

〔2〕关于蒙哥政策的基本原则,参阅艾尔森(Allsen),第 45 – 76 页。

〔3〕蒙哥关于西藏封地的圣旨见于 LANG 第 240 页。关于王子们在汉地的封地和它们的行政机构,参阅恩迪考特—维斯特(Endicott-West),第 89 – 103 页。

止贡巴（’Bri-guṅ-pa，《元史》作必里公，或迷儿军）和藏固莫（gTsan mGur-mo-ba，《元史》作古尔摩瓦）（另一个不为人知的派别）。阔端继续关照萨迦派，没有给他们留出特殊的位置。蔡巴（’Ts’al-pa，《元史》作擦里八）由忽必烈托管，达隆巴（sTag-luṅ-pa，《元史》作思达笼拉）由阿里不哥保护，帕木竹巴（P’ag-mo-gru-pa，《元史》作伯木古鲁）在旭烈兀的辖下，其他的王子们被授予另外一些领地，这样，最后有超过 11 份的份地。[1] 这些"保护人"不仅有荣誉资格，而且也拥有行政和军事管辖权，这些权力是由王室设在当地的代理人（守土官，yul bsruṅs）来行使的。不幸的是，除了有关旭烈兀辖地的情况之外，我们没有关于这一系统职能的证明材料。稍后，我们将重新回到这个话题上来。

这一分配格局在后来的不几年里被改变了。1253 年，阔端（应该是他的儿子蒙哥都，此时阔端已逝——译者）不得不把萨迦班智达的两个侄子交给了忽必烈，他在那一年之后的不知哪一天去世了。由于他的后代未被允许继承他在凉州的属地，从而与西藏不再有联系。[2] 阿里不哥在西藏的权力随着内战爆发逐渐丧失，伴着他的失败和投降在 1264 年告终。除了旭烈兀以外，其他一些属地的情况，我们一无所知。在 1253 年的忽邻勒塔大会上，旭烈兀被委任为在伊朗的蒙古军的统帅。他缓慢地移动大军，直到 1256 年 1 月 2 日才西行横穿过阿姆河（Amu-darya）。不管怎样，他得以继续保持同帕木竹巴教派的联系，并且屡次寄送礼物给他们的寺院住持杰瓦仁波且（rGyal-ba Rin-po-c’e，1235—1267 年担任住持）。[3] 他的后裔，伊朗的伊利可汗采取了同样的措施。他们保留其在帕木竹巴领地的代理人，而且还在他们伊朗的土地上建造佛教寺院。阿鲁浑可汗（Khan Arghun，1284—1291 年）的

----

〔1〕KPGT，第 449 页、第 794 页（1239 年日期有错误，已由舒 1977 年，ⅩⅪ-ⅩⅫ，予以纠正）；LANG，第 232-234 页、第 236 页、第 445-476 页。

〔2〕冈田（Okada），第 101-102 页。

〔3〕BA，第 580 页，KPGT，第 409 页，从旭烈兀那里送到帕木竹巴的最后一次礼物，是在 1267 年，施主已去世两年；HD-1，第 37 页 a 面，旭烈兀在西藏人那里很受尊敬，他们把他看做是"苍天"（南泰 gNam-t’eb）的一个代表；PMKP，第 282 页 a 面。"gNam-t’eb"（南泰）是在白哈尔（Pe-har）治下，为霍尔人所熟知的名字。

11

身边全是佛教僧侣,他们中的一些人就是西藏人。但是,在他死后,伊利汗国接受了伊斯兰教,并在 1295—1296 年查禁佛教,寺院遭到破坏。[1] 在那之前,与西藏的联系大概已经中断了。

作为大汗(合罕,qahan),蒙哥通过拟订一个基本构架来行使他至高无上的权力,同西藏僧侣的关系被控制在这个构架内。他公布了一份声明,以一项权威性的法令(妙善圣旨,'ja'sa bzaň po)[2] 申明了他的意图,很明显,这项法令发布于 1252 年初。该法令恢复了给予僧侣们一般性的财政免税特权,并且规定(大概是由于阔端的建议),必须信奉萨迦教派的主要戒律(no lun),所有僧侣都有义务遵守这些戒律,他还表示要在西藏进行人口普查。显然,它是在元帝国大规模人口普查范围内进行,实际上是在 1253 年得以实现的。[3]

当然,蒙哥应当意识到,如果他不采取措施使他和王子们在这一地区的权力被承认,在西藏的封地将变成理论上的假设。他不仅发布诏令,而且采取了实际行动,曾经两度攻略吐蕃(T'u-fan),目标不仅仅是安多(Amdo)地区,紧随其后是整个西藏。[4] 第一远征军由大将军多白达(Do-be-ta)或多贝达巴图尔(Du-pe-ta,朵尔伯歹 Döorbetei)率领,从当时阔端设立临时机构、按照可汗制度行使职权的凉州(Byaň-ňos)

〔1〕《剑桥伊朗史》第 5 卷,剑桥 1968 年,第 379 - 380 页,第 541 - 543 页。合赞(Ghazan) 1295 年的文告宣布:"容许你们中间那些愿意返回到印度、克什米尔和西藏,以及他们所来自的国家者,返回其地。"同上书,第 542 页。

〔2〕藏文的"扎撒"('ja'sa),译自蒙古文的"jasaq",但是,始终和蒙古文的 jarliq(扎里赫) "皇帝的圣旨"的意思混在一起使用。

〔3〕蒙哥的圣旨,保存在八思巴致乌思藏众僧通知萨迦班智达去世消息的一封信中,它标明日期是 1252 年 2 月 16 日,在凉州;《萨迦全集》第 6 卷第 320 页 b 面至 321 页 b 面(注释 306),有史尔弼(Szerb)的译文与注释,1980 年 a 面,第 291 - 292 页。同一圣旨的简短摘要,包含在八思巴 1252 年 2 月 14 日给堪布乌由巴索南僧格,邀请他前来凉州的另一封信中;《萨迦全集》第 6 卷第 383 页 b 面至 384 页 a 面(注释 316 条),此信与 SKDR 第 72 页 b 面至 73 页 b 面中的某些变体再次一起出现,在后者那里,写信人的名字写作"法王札巴僧格"(C'os-rje Grags-pa-seň-ge)。参看,舒 1977 年,第 101 页和史尔弼 1980 年 a,第 299 页(注释 57)。

〔4〕如同我在几年前所指出的情形一样,"土番"与"吐蕃"含义不同。在唐代时期,它表示一般意义上的西藏,也就是由赞普控制的领土。在 842 年之后,它逐渐限定在东北缘地区,也就是安多地区。它的含义保存在宋代官方的专门术语之中,这些也被蒙古人所接受。当中部西藏进入他们探索的视野时,他们为它采用了一个新的名字"乌思藏",也就是"dBus-gTsaň"(卫藏)。第三个名称"西番",通常表示中国西部的藏族人,但是,也不严格地用来泛指一般的讲藏话的地区。

出发,出征的时间存在各种不同的说法,但是,很可能是在1252年。这支军队进抵门噶衮布董(Mon-mk'ar mGon-po-gdoṅ)(在难磨?sNa-mo)。[1] 第二分队出发,明确记载是在一年之后,由胡尔达(Hur-ta)或胡尔坦(Hur-tan)率领[2],这个名字是"和里觯"(Ho-li-te)相当好的翻译形式,和里觯是蒙哥在1251任命的、统率军队前往镇抚吐蕃(安多,Amdo)的蒙古指挥官。[3] 这两次征战,在吐蕃人的心灵上造成了真正而持久的恐惧,我们从其他史料中也可以看到这一点。郭扎巴(Ko-brag-pa,1182—1261年)恳请许多卡利亚那米特拉(Kalyāṇamitras)出谋划策,举行宗教仪式阻止蒙古人再次进攻。[4] 桂仓巴(rGod-ts'aṅ-pa,1189—1258年)表现出同样的恐惧,并且说到蒙古和白利联军的破坏性侵略。只是后来,他得到了来自蒙古指挥官的金字使者(gser-yig-pa),以及来自萨迦和止贡的金字使者的保证。[5] 加瓦央衮巴(rGyal-ba Yaṅ-dgon-pa,1213—1258年)也显露出对蒙古人和白利人过去入侵的恐惧。[6] 我们在这里又遇到那个被称为"白利"(Be-ri)或(Bi-ri)的人群的部落与氏族,萨迦班智达前往凉州时随行带着他们,显然他们是蒙古军的辅助力量。在1252年之后,他们在人们的记忆中消失。[7]

不论征战造成了怎样的破坏,这些远征队有可能把一种合理的措施插入到蒙古人在西藏封地的网络之中。王子们的代理人可能雇人征收贡物,并对寺院和教派——该地区仅有的、巨大的政治势力,进行一

〔1〕关于"吐蕃"(Dörbetei)一名,参看伯希和(Pelliot)、韩百诗(Hambis),第400页。KPGT第449页(日期1252年)和705页(日期火鼠年,是1252年水鼠年之误);NYOS(《喀热内氏世系概说》)第166页(日期1251年)。后一部文献说道:"多贝达(Du-be-ta)巴图尔不分青红皂白地杀了所有没有立即归服的人之后,喀热内氏仁波且想外出到堆龙(sTod-luṅ)与他商谈并尽力带领百姓去归服。"

〔2〕KPGT,第410页,第796页(拼作Hur-ta);朗顿巴,又名加瓦央衮巴的传记,见KGSP(《噶举大金蔓》),BA函第33页a面,37页a面。央衮巴说服拉堆(La-stod)的首领归服蒙古人。

〔3〕YS,第3卷第45页。

〔4〕BA,第679页。在这一时期的"霍尔",通常用来指称蒙古。

〔5〕GOD(《甲瓦桂仓巴衮布多杰传记》),第101页b面至105页b面,第116页a面,第120页a面,第133页b面,第138页b面。

〔6〕KGSP,DA函,第37页a至b面,加瓦央衮巴传记。

〔7〕不过,在1358年和1360年提到一个叫做"新旧必里僧"(Bi-ri-zin gsar-rniṅ)的地方,LANG第608页,第677页,第715页。

些控制。然而,蒙哥开展人口普查的意图不是在此时实施的。

大汗不顾他的声明,在政治领域对萨迦派丝毫没有给予关心,而是为他在西藏的谋划另外寻找一个工具。有一段时期,他对噶玛派(Kar-ma-pa)第二世转世喇嘛、著名的具神通者噶玛拔希(Karma Paksi,1206—1283 年)很感兴趣,此人曾参加过 1256 年的佛道大辩论。[1] 他还接触了另外一些宗教领袖,诸如:桂仓巴(rGod-ts'aṅ-pa,1189—1258年)和恰译师却吉班(C'ag Lotsawa C'os-rje-dpal,1197—1264 年)。后者曾被邀请前往蒙古地区,但是,他以身体欠佳为由予以拒绝。蒙哥在 1259 年去世,从而结束了对西藏其他教派的这种考察。[2]

在不同教派之间选择,也是解决西藏问题的决定性的选择,是忽必烈所必须要做的工作。当时,他是中国北方地区蒙古辖区的王室长官,他对藏传佛教已经有了一定的兴趣。1253 年,也即羊年,在他将要启程大规模远征云南的前夕,他请阔端把八思巴和恰那多吉送至他处。这兄弟俩来到了西藏东部[3],显然,他们是在 1254 年初期到达忽必烈的营帐。当忽必烈征战胜利返回中国北方时,八思巴得到了忽必烈的盛情招待,他给忽必烈讲说了藏传佛教重要的和本质性的教义,陪伴他来到蒙巴夏(Muṅ-pa-shá)地方[4],大家都在那里宿营。1254 年 5 月 27 日,忽必烈颁给年轻的萨迦派新教徒八思巴一份很长的诏书,藏文称之为"'J'a sa bod yig ma",也即"藏文圣旨",在几种藏文文献中发现了它来自蒙古文的译文。[5] 与传统的说法相反,它不含有一点有关萨迦在世俗统治方面"控制乌思藏十三万户(k'ri skor of dBus and gTsaṅ)"的暗示。这份诏书是由忽必烈以大汗的身份颁布的,它仅仅免除了僧

---

〔1〕HD-2(《红史-2》),第 91-92 页;KPGT,第 446 页,第 450 页;KARMA,第 54 页 a 面至 56 页 b 面。

〔2〕关于这一问题的总的情况,参阅伯戴克 1983 年,第 183-184 页。

〔3〕在 1353 年末,八思巴在安多南部的玛尔康错多(sMar-k'ams Tsom-mdo)地方,而在 1354 年初,他在多康岗(mDo-k'ams-sgan);Colophons(书籍末页题署)第 4 号、129 号、136 号。关于他这一时期的活动,也可参阅史尔弼 1980 年 b,及书中各处。关于忽必烈远征大理,参见罗萨比(Rossabi)1988 年,第 22-28 页。

〔4〕SKDR,第 71 页 b 面。门巴夏(Muṅ-pa-śas),"在汉藏之间的交界地区"不那么为人所知。

〔5〕通过舒,评论性研究,1977 年,第 75-112 页,来自文书中的日期和描述疑难尽释。

人们的赋税、军差和劳役,它简明地确认了很久以前成吉思汗所准许的特权。仅就其不包含萨迦的宗教权力而言,与蒙哥的公告相比,它甚至后退了一步。[1] 大约在同一时期,忽必烈赐予宁玛派(sŇiṅ-ma-pa)伏藏师素尔·释迦沃(gter ston zur Śākya-'od)一份类似的特权,免除对乌思藏密宗教徒(the Tantrics of dBus and gTsaṅ)的赋税和军差。[2]

次年,八思巴首先从朵甘思(多康,mDo-k'ams)来到凉州,在那里,他向萨迦班智达的灵塔献祭。当他返回朵甘思时,他打算随邬由巴索南生格('U-yug-pa bSod-nam-seṅ-ge)受戒。然而,他被告知邬由巴在这一年之前已经去世。再次见到忽必烈后,他便陪伴这位王子长途跋涉,前往中国北方。他驻足于大河(黄河)岸边的台勒(T'e-le),此地靠近"中国与蒙古交界地区"的河州(Ho-chou),在那里,他终于获得比丘戒,成为一名真正的僧人,这个受戒仪式是在1255年5月22日完成的。[3]

在八思巴不在身边的时候,忽必烈很着迷于具神通者噶玛拔希。他邀请噶玛拔希来他设在安多(Amdo)的营帐并予以款待,这不过是一个短小的插曲。噶玛拔希忽然离开,前往大汗的宫廷,这使忽必烈很不舒服,从而也为这位年轻的萨迦寺院住持提供了一条宽阔的进取之路,他在1255年9月已经准备侍奉这位王子。[4] 在1256年和1257年夏季的3个月里,他再次留驻在五台山。[5] 其余时间,他住在忽必烈的营帐中,他显然属于忽必烈心腹集团的成员。

在1258年,八思巴开始依照藏传佛教的神秘教义,向忽必烈传授。这一事件,依照后世萨迦派的说法,把它看做是西藏人在蒙古人世界传教的真正开始。在同一年,他参加了第三次佛道辩论会,在此之后,他的晋升得势趋于稳固。忽必烈明确地选择他作为自己在西藏问题方面的顾问和工具。

---

〔1〕也参见舒1977年著作之评论,第102页,蒙哥的谕令被错误地当成阔端颁布的。
〔2〕次仁(Tsering),第516页。
〔3〕GBYT,第2卷第17页a至b面;SKDR,第71页b面至72页a面。
〔4〕Colophons,第66号。
〔5〕Colophons,第14号,第127号,193号,第194号,第195号。

2.2　蒙古统治权的提高与实现

1259 年 8 月,蒙哥可汗在四川围攻宋朝要塞时去世。他的去世引发了内部战争:忽必烈通过一个由他自己的支持者们单独组成的不合法的忽邻勒塔,选举他自己继承大汗。与此同时,他的弟弟阿里不哥也在帝国首都哈喇和林自立为大汗,双方的战争长达 4 年之久,最后以阿里不哥的战败称降而告终。

在西藏地方,忽必烈立即采取两项重要措施,为此后的全面发展开辟了道路。首先他摧毁了在西藏的封地制度,撤回除他的弟弟旭烈兀(大约在 1260 年)封地之外的其他皇族子孙们的守土官(Yul bsruṅs)。[1] 其次,他封授八思巴作为佛教僧侣们的最高领袖,即拥有无限权威的国师(1261 年 1 月 9 日)。[2] 此后不久,他逮捕了背叛他而成为阿里不哥支持者的噶玛拔希。依据《噶玛拔希传记》,他被人用火烧烤了几天,但是火刑并未对他造成任何伤害,又被暂时释放了,他被流放到中国南方,大约是云南。在放逐 8 年之后,他被获准返回西藏。[3] 他的失宠,为八思巴排除了一个潜在的对手。

关于八思巴被任命为国师以后一段时期的活动,我们知道得很少。他留在新皇帝的朝廷中,即使人不在,他依然关心着他的寺院,并在 1262 年派人给寺内管家释迦桑布(naṅ gṅer Śākya-bzaṅ-po)送去财物,用于建造古塔(dbus rtse rñiṅ ma)西面的大金顶(大金顶,gses t'og c'en mo)。[4]

在后来的 1264 年,局势突然发生变化。从许多方面来看,那年是真正的决定性的一年。它宣告了内战的结束,忽必烈最终胜利,一个建立在古老的金朝首都燕京废墟上的新城市取代哈喇和林,成为帝国首

---

〔1〕LANG,第 232 页。

〔2〕YS,第 4 卷第 68 页,在那里,封号误作皇帝之师"帝师"。

〔3〕HD-2,第 92 页;KPGT,第 450 页;KARMA,第 57 页 a 面至 61 页 b 面;SKDR,第 67 页 a 至 b 面。

〔4〕SKDR,第 74 页 a 面。

都:它被命名为中都。不久更名为大都(现在的北京市)。这一变化,意味着帝国的中心从蒙古利亚转移到中国北方。这一年也是开始实施预期中的平定西蕃(Hsi-fan)军事行动的一年。"西蕃"这个术语指明是西藏的大部和康区的部分地区。在同一年(或者稍后),第一个专门管理佛教事务,而且后来也管理西藏事务的政府机构的框架建立起来了,我们将在下文论述它。当然,八思巴被派往西藏,被赋予最高的权威(原文为 authority),著名的"'ja'sa mu tig ma"("珍珠诏书")是其凭证,它是 1264 年 5 月 28 日在"Śoṅ-t'o",也就是夏宫上都(Shang-tu)颁布的。它再一次否定了西藏的传统说法,即依据这份圣旨而确定的、有关授予八思巴临时统治由全部讲藏语地区所组成的吐蕃三却喀(c'ol k'a)权力的说法。皇帝的诏书只不过对佛教僧侣免除赋税和徭役的一贯政策予以肯定,以及免除对朝廷使者住宿和招待的负担而已。[1]

但是,支撑这种传统说法存在的一个重要的依据,就是在三却喀(c'ol k'a)上都驻扎过萨迦的行政官员。

八思巴在 1264 年春天离开朝廷[2],他的旅行是在朝廷派军护送下进行的。由都穆尔(Du-mur,贴木尔? Temür?)[3]率领的一支强大的蒙古军,在 1263 年朝西藏开去。达隆(sTag-luṅ)堪布桑结雅群(Saṅs-rgyas-yar-byon,1203—1272 年)以给蒙古人奉送丰富的礼品来避免他们的入侵。此后,在每年的 4 月 14 日,他举行大型的和耗资巨大的仪式

---

〔1〕参阅舒,评论性的研究,1977 年,第 79 – 103 页;文书的原件和翻译,同上引,第 118 – 124 页,关于藏文"区喀"(= 却喀,c'ol k'a)一术语,参阅下文第 37 – 38 页。

〔2〕依据 Colophons 第 213 号,在萨噶(sa-ga)14 日 = 5 月 20 日,他已经到达绒布(Ron-po,安多南部)的尼龙(sÑi-luṅ)。在那种情况下,他必定会离开夏都,而没有等候发给"珍珠诏书"(mu-ti-ma),那似乎是很不可靠的事。在这里,很可能在日期上有某些失误。

〔3〕TLGZ(《达垅噶细世系》)第 104 页 a 面至 105 页 a 面;CBGT,NA 函,第 61 页 b 面,桑结雅群(Saṅs-rgyas-yar-byon)传记。这位"都木尔"(Du-mur = Temürs,贴木尔),也可能和"国安"是同一个人,后者在 1267 年继承了他弟弟"国宝"蒙古军统帅和文州吐蕃万户府达鲁花赤的职位,YS 第 121 卷第 2987 页,并参阅伯戴克 1988 年,第 370 页。"国安"也叫做"贴木尔";《元史·氏族表》(见《二十五史补编》第 6 卷)第 70 页。大概国安或贴木尔依照他的名义上的上司国宝的命令向西藏推进。

来避免蒙古的入侵(Hor bzlog la)。从汉文资料中我们获知,在 1264 年,一支由和里觰(Qongridar)元帅率领的军队征服并安抚了吐蕃(T'u-fan),也即安多。[1]有可能,这两支蒙古军队在西藏东北部地区执行相同的征战任务。然而,他们似乎没有进入乌思藏。

在萨迦班智达离藏和八思巴返回西藏的 20 年之间,在中部西藏和萨迦发生的大事件,我们大多都不清楚。当 1244 年,班智达应阔端之邀前往凉州时,他指定他的两个弟子邬由巴·索南生格('U-yug-pa bSod-nams-seṅ-ge)和夏尔巴·协饶迥乃(Śar-pa śes-rab-'byuṅ-gnas)作为其教派的长老(却本,c'os dpon),委托首席侍从(naṅ gner)仲巴·释迦桑布(Grom-pa Śākya-bzaṅ-po)为萨迦地产和仓库(gźi gan pa)的大总管(spyi'i k'a ta brjid k'ur)。后者实际上行使了寺院住持的职责。[2]然而,这种摄政统治在 1265 年初,随着八思巴的到来便走向末路。[3]

有关八思巴在他的寺院逗留初期的活动情况,除了一些信件和宗教方面的小册子之外,我们不得而知。大约,他没有让自己过多地干涉世俗事务,而是交给可信赖的释迦桑布和他自己的弟弟恰那多吉。

释迦桑布接受了一个新的封号"本钦"(dpon c'en),主要忙于萨迦的一项激增的建筑活动。他已经建好了康萨拉章(K'aṅ-gsar bla braṅ)。他前往拜见从中原返回的八思巴,在路过杰热寺(Gye-re)时[4],八思巴表示希望在萨迦能有一个类似的寺院。这位本钦,骑马跟随在八思巴的后面,听到了这些话并明白了八思巴的暗示。他抄录了杰热寺的测量数据,向乌思藏的十三万户(myriarchs)的万户长和百姓发布通告,让他们提供劳动力,在 1265 年开始拉康钦莫大墙的建设工程,并建成了内墙。释迦桑布还为大屋顶征集了木材,但是,到他去

---

[1]在 1265 年 5 月晃里答儿(Qongridar)因为平定吐蕃有功而获得 450 两银子的奖赏,YS 第 6 卷第 106 页。

[2]GBYT,第 2 卷第 15 页 a 面,第 39 页 b 面;HD-1,第 24 页 b 面。

[3]SKDR,第 74 页 a 面,在 1264 年 12 月 24 日,他在拉萨小昭寺(Ra-mo-c'e);Colophons,第 25 号。

[4]在雅鲁藏布江上拉萨东南的杰热寺(Gye-re)是在 1231 年由喀热拉巴仁钦杰布(K'a-rag Lha-pa Rin-c'en-rgyal-po)建立的,他成为该寺的第一任堪布,NYOS 第 18 页 b 面。

世时,这座像巨大堡垒一样的建筑物依然没有封顶。[1] 它成为蒙古和萨迦行政官员的办公场所,而且是现在仅存的萨迦建筑。在"文化大革命"期间,它遭受大规模毁坏,后来得到良好的修复。释迦桑布还和八思巴一起倡议修订《甘珠尔》(Kangyur)的早期翻译。[2]

　　恰那多吉(1239—1267 年)[3] 随他的伯父和哥哥来到阔端的营帐,他在蒙古人的环境之中长大成人,习惯穿蒙古人的服饰。阔端把自己亲生的女儿嫁给他做妻子,她的名字叫做墨噶敦(Me-'ga'-dun),或作墨噶伦(Me-'ga'-lun),或忙噶尔(Mam-mgal)。[4] 后来,忽必烈还赐给他白兰王(Pai-lan)的爵位。[5] 在 1263 年末或者 1264 年初,皇帝认为有必要派遣他提前返回,为他哥哥返藏作准备,并且与他的哥哥一起合作。[6] 他在萨迦的地位不易于解释清楚。我们的最早的资料使用

---

〔1〕GBYT,第 39 页 b 面至 40 页 a 面;BA 第 216 页。依照杰热寺的式样设计拉康钦莫的日期引起一个问题。我把它定在 1265 年初,因为 GBYT 第 2 卷第 35 页 b 面明白表示,当释迦桑布想去同从汉地返回的八思巴会面时,产生了这一设想。但是,GBYT 那些同一段落把事件的日期确定在火龙年的 1256 年,这是不可能的,因为在那一年,八思巴正和忽必烈逗留在中国北方。1256 年这一日期是错综复杂的关键,并且在日期上部分有误差。关于这一点,参阅麦克唐纳(Macdonald),第 93 - 94 页。八思巴到达并停留在西藏,是由他的短文的末页题记确定的。该题记表明,他在萨迦,至少是从 1265 年 2 月到 1267 年 2 月。Colophons,1265 年的第 94 号,第 95 号,第 225号;1266 年的第 47 号,第 65 号,第 215 号;1267 年的第 100 号和第 286 号。这样,1256 年,只是因为十二年周期弄错的普通的一个事例,而且,日期涉及实际开始建造的时间,我们知道此事发生"一年之后",八思巴到达北京,也就是 1268 年,SKDR 第 94 页 a 面。

〔2〕De Jong(德琼)第 509 - 510 页。关于释迦桑布的总的情况,参阅 GBYT 第 2 卷第 39 页 a面至 40 页 b 面。

〔3〕有关恰那多吉的一个简短的传记,见于 SKDR 第 104 页 b 面至 105 页 a 面。翻译见魏里1984 年,第 391 - 395 页。参阅 GBYT 第 2 卷第 20 页 a 至 b 面和 HD - 1 第 22 页 a 面。但是,我发现,它难于同经由魏里翻译的资料之论述相互一致。

〔4〕HD - 1,第 22 页 a 面;GBYT,第 2 卷第 20 页 b 面;SKDR,第 106 页 a 面。依据另外一条在SKDR 第 104 页 b 面引用的和 DCBT 第 164 页 a 面的资料,公主墨卡(噶)敦(Me-k'a-bdun)或者玛卡伦桑可敦(Mam-ga Lhun-bzaň Khatun)是忽必烈本人的一个女儿,但是,这似乎是错误的。

〔5〕关于这一王号,参见伯戴克 1990 年,第 258 页。

〔6〕依据 SKDR,第 106 页 a 面记载,他逗留在凉州(Byaň-ňos)18 年,算一算,比他在西藏待的时间,按我们的算法,也就是 17 年还要长,而且是在 25 岁时才离开。这样,他和他伯父到达凉州是在 1246 年,他在那里最后一直待到 1263—1264 年为止。

·欧·亚·历·史·文·化·文·库·

了含糊不清的措辞:他是全藏区的主宰者(Bod spyi'i steṅ du bkos)。[1] 根据另一份文献,他是三区喀(却喀,c'ol k'a)的司法官(k'rims bdag)。[2]"k'rims bdag"一词包含有一些司法权力;依我之见,它和蒙古词"jar rōči"(札鲁忽赤),也就是"执法官"一词相同。[3] 他是否实际上履行了他的司法(和政治上的)权力,依然存在疑问。因为根据我们掌握的文书,"在西藏三年多的时间里,他把精力用在坐禅和宗教活动(grub pa'i spyod pas)方面,由他领导很多人走上超度之路"。不管他在实际管理国家方面参与了多少,都因为他的早逝而缩短。他是火兔年的7月1日或2日(1267年7月23日或24日)在萨迦郭绒拉康(sGo-rum Lha-k'aṅ)突然去世的。

在他去世之后,紧接着发生了巨大的动乱,止贡(必里公)派显然领导了反对萨迦的活动。[4] 八思巴已奉皇帝召命回北京,其时离开萨迦,经过达木('Dam,当雄)[5],并在安多驻足停留了一段时间。[6] 忽

---

〔1〕HD－1,第22页a面;GBYT,第2卷第20页b面;KPGT,第450页。一部稍微扩充的文本在DCBT第164页a面被发现:"'Bod-'baṅs-spyi'i-dpon-la-bskos-śes-su-bcug-nas-min-dam-k'a-byon。"

〔2〕SKDR,第104页b面。

〔3〕札鲁忽赤的任命,是在1260年之后血统王子们单独或者共同发挥作用的一项特权,拉契涅夫斯基1937年,第52页。

〔4〕这一点,好像在B. Lett.(《布顿的信》)中有暗示:"从前,萨迦和止贡竭力想抓住统治权力……"像这一段提到的时间应该比八思巴1280年与本钦贡噶桑布纷争更早,它不可能提到1287—1290年的内战,却只能涉及1267年的事件。

〔5〕八思巴在10月5日来到达木,并在26日离开(1267年10月23日—11月13日)。从这里他向萨迦的官员发布了一道文书,日期是10月15日(11月3日)。通过"珍珠诏书"('ja'-sa-mu-tig-ma)担保,确认对却顶(C'os-sdiṅs)寺院的特权,以及它的封地的所有权。这一件文书不可思议地以原文形式保存下来,由舒在1981年,第341－344页加以公布。却顶的古老寺院,后来仅仅成为静修的场所,是隶属于吉仲(sKyid-gron)地区扎西桑丹林(bKra-śis-bsam-gtan-gliṅ)的格鲁派寺院,建立于18世纪,参阅舒1988年,第28－29页。在达木,八思巴也见了噶当派僧人南喀本(Nam-mk'a'-'bum),此人后来著有《八思巴生平》一书,它是SKDR关于他的早期活动的资料之一,SKDR第75页a至b面,第92页b面。他在达木所写的4篇短文和信函,其日期是1267年11月14日,Colophons第28号,第103号,第244号和第317号。

〔6〕依据Colophons第5号。他是在马尔康(sMar-k'ams,安多南部)的一个叫错多(Tso-mdo gNas－gsar)的地方,时间已经是"那布"(nag-po,黑色)8日(1267年4月4日)。很难使这一日期和那一年的事件的经过相互一致,但是,我怀疑,火兔年(1267年)可能是木兔年(1255年)之误,这一年他是在安多旅行。

必烈的反应是迅速而无情的,就在1267年这一年,由科尔开达(K'er-k'e-ta或科尔达王子,K'er-ta)率领的蒙古军队穿行进入西藏,处死了当巴日巴('Dam-pa-ri-pa,大概是叛乱的领导者),摧毁了所有的抵抗活动。[1] 科尔开达(K'er-k'e-ta)的远征队,为采取一项新的和决定性的行政管理结构铺平了道路,对此,我们将在下文中叙述。1268年标志着蒙古人在本钦释迦桑布全心全意的拥护下,真正开始统治西藏。

在第一位本钦去世(1270年)以后,是新人们进入新的阶段。当八思巴离开安多时,他在萨迦的位子由他的异母兄弟仁钦坚赞(Rin-c'en-rgyal-mts'an,1238—1279年?)来代替,此人当时已做过皇帝的上师(bla mc'od),现在他担任代理堪布(gdan sa lta bu)。[2] 本钦释迦桑布的后继者是达仓(sTag-ts'aṅ)的贡噶桑布(《元史》作公哥藏卜,Kun-dga'-bzaṅ-po),他连续做了6年代理(gtsaṅ ma)本钦(1270—1276年)。[3] 在担任此职之前,他担任首席侍者(naṅ gner 或 naṅ c'en),而他因在1267—1268年的事件中所扮演的角色而获得提拔引起普遍的怀疑。有一段时间,著名学者乌坚·僧格班(U-rgyan Seṅ-ge dpal,1230—1309年)曾居住在拉堆(La-stod)的彭扎(sPun-tra 或布扎 Pu-tra)寺,而在那里流传着有关贡噶桑布毒死恰那多吉的说法。当这种说法传到了本钦的耳朵时,他组织一支武装力量前来攻打彭扎寺,毁坏了它的僧舍(gzims k'aṅ),并下令在5年之内禁止该寺传授任何种类的教法。彭扎寺在后来得以恢复其宗教活动,应该归功于奥鲁赤(A'ururči)王子的慷慨允诺,他在1276年护送八思巴返回萨迦。[4]

在这些年中,显然存在一个堆霍尔(sTod Hor)入侵的企图。依据

---

〔1〕KPGT,第410–411页,第749页,第796页。该王或将军好像未见于汉文史书记载,除非我们把它与YS第130卷第3174页所提到的畏兀儿官员乞台萨理视为同一人;在1275年,他成为首都佛教的总管,后来晋升为总制院的同知,最后成为该部门的头目。但是,名字的相似性是不明确的。至于当巴日巴('Dam-pa-ri-pa),我们只有否定的证据:他不可能是那个与他同名、在1263年去世的杰热寺院的首领(spyi-dpon)。NYOS,第16页b面至17页a面。参阅伯戴克1983年,第199–200页注释73。

〔2〕SKDR,第260页b面。

〔3〕GBYT,第2卷第40页b面。

〔4〕KARMA,第87页a面。

《吉美林巴（'Jigs-med-gliṅ-pa）全集》（gsuṅ-'bum）的一段记载来判断，这一企图是被宁玛巴密宗教徒（rÑiṅ-ma-pa Tantric）素尔·尼玛僧格（Zur Ñi-ma-seṅ-ge）的巫术活动给挫败的，它使 3 万敌兵在冰川、雪地和乱石之中丧命。而密宗教徒的干预，是执行皇帝和八思巴下达给贡噶桑布的一道指令。[1] 堆霍尔（sTod Hor）可能仅指中亚的察合台汗国。当然，整个这些说法都只是大量的假设。

在他任职期间，贡噶桑布给拉康钦莫（Lha-k'aṅ-c'en-mo）封了顶，并建好了带有大金顶（gser 'p'ru）的大殿。他还在寺内铸造了萨迦班智达的塑像和大佛陀（Mahabodhi）的金身塑像，也在开阔的长廊中制作了所有的画（'k'yams）。此外，他策划建立仁钦岗拉章（Rin-c'en-sgaṅ bla braṅ）和它的北边堡垒，以及拉康拉章（Lha-k'aṅ bla braṅ，这是与拉康钦莫不同的一座建筑）。[2] 萨迦寺院的这个建筑群，如同它在元代时期一样，基本是由前两位本钦奠定的。

与此同时，八思巴到达北京。[3] 忽必烈要求他设计一种新的、可供蒙古人和汉人两者使用的文字，这一点他以藏文字母为基础做到了。1269 年 2 月，被称作"八思巴字"的文字被正式确定为国书，而且在官方文书中强制使用这种文字，虽然它并未被普遍接受。作为对他发明文字功劳的部分酬谢，在 1269 年底或 1270 年初，忽必烈赐予他帝师（ti-shih）的封号。[4]

八思巴在朝廷逗留时间不长，在 1271 年初动身前往他的行宫（临洮）。他在那里住了 3 年。[5] 他与皇帝个人的联系应是零散的，对于

---

〔1〕Tsering，第 521 页。

〔2〕GBYT，第 2 卷第 40 页 b 面至 41 页 a 面。贡噶桑布的建筑活动也在 KARMA 第 96 页 a 面中有报导，后者给它们加上了堆却拉章。

〔3〕他在中都（Con-du 北京）时，已经是"吉达"（K'yi-zla）15 日（1268 年 7 月 27 日），Colophons 第 125 号。

〔4〕依据 SKDR 第 94 页 a 面，帝师的称号封赐是在八思巴 36 岁的金马年（铁马年）（1270 年）。在《敕修百丈清规》第 2050 卷（第 XLVIII 册第 1117 页 b 面）也是如此。

〔5〕Colophons，1271 年第 73 号、74 号、97 号、98 号、114 号、157 号、186 号、209 号、210 号、224 号；1272 年第 67 号、87 号、104 号、124 号、26 号（126 或者 216 号？——译者）、217 号、218 号；1273 年第 56 号、72 号、79 号、81 号、117 号、122 号和 183 号。

他给忽必烈政治影响的真正的程度我们有理由持有一些怀疑。

在 1274 年 2 月,他返回朝廷,但只是为了从皇帝那里得到允许,能够动身最终返回萨迦。他放弃了他的帝师职位,仁钦坚赞(《元史》作辇真坚藏)继他之后从萨迦被召到朝廷,新帝师住在梅朵热瓦(Me-tog-ra-ba,花园)之中,八思巴当年也曾住在那里。显然,这起初是在皇宫周围的一个居所。仁钦坚赞在那里组织了一个"靠近皇宫"的僧侣团体。几年之后,他在行宫去世。[1]

八思巴几乎是即刻开始他的行程;然而,他又一次在安多南部,主要是在折地(Tre)停留达两年时间。[2] 耽误的原因,至少一部分是因为军事和政治上的缘故,在边疆地区出现十分严重的骚乱。在 1275 年 3 月,忽必烈连续派了 3 位皇子带领他们的蒙古军先遣队前往增援西平王(Hsi-p'ing)奥鲁赤,后者正与吐蕃人(T'u-fan)作战。他显然是希望击溃武装反抗者,打开通往西藏的道路,并护送八思巴平安到达萨迦。[3] 在 1275 年 9 月和 10 月,八思巴来到错多新寺(错多乃萨,mTs'o-mdo gNas-gsar),在这里,他向由顿楚(sTon-ts'ul)率领的 1500 名僧人布道说法,此人是萨迦派及其在甘思(K'ams,康)政治影响的传播者。[4] 2 月 15 日(1276 年 2 月 29 日),八思巴到达乌思的唐嘉(T'an-skya)。[5] 稍后不久,他和王子一同抵达目的地萨迦。[6]

可能就在 1276 年这一年,他们免除了专横的、尽管很有成就的本

〔1〕仁钦坚赞一个简短的传记,见于 SKDR 第 105 页 a 面和 GBYT 第 2 卷第 20 页 b 面,21 页 a 面。他被任命为帝师的公告在 1274 年 4 月 24 日,YS 第 8 卷第 154 页和第 202 卷第 4518 页。去世的日期没有完全确定。SKDR 和 BA 第 212 页,给出的日期是 1279 年。GBYT 也是如此,它补充的精确日期是火兔年 3 月 10 日(显然是土兔年之误),也就是 1279 年 3 月 24 日。YS 第 10 卷第 218 页,把它记做是 1279 年的重要事件之一。只有 HD-1,第 22 页 b 面,指明他在 45 岁的 1282 年去世;YS 第 202 卷第 4158 页也是如此。

〔2〕Colophons 注释,第 141 号,第 147 号,第 211 号。

〔3〕YS,第 8 卷第 164 页。关于奥鲁赤,参看韩百诗 1946 年,第 116 页和韩百诗 1954 年,第 141 页;伯藏克 1990 年,第 263 页。波斯史家拉施特告诉我们:"可汗把吐蕃(Tubbat,安多)省分配给他。"波义耳(Boyle),第 224 页。他的治所最初好像是在河州。他的传记见于 YS 第 131 卷第 3190-3191 页,没有提到他的藏人远征军。

〔4〕Colophons,第 119 号,154 号,298 号;GBYT,第 2 卷第 18 页 b 面。

〔5〕Colophons,第 26 号。

〔6〕BA,第 212 页,973 页;SKDR,第 95 页 a 面。

·欧·亚·历·史·文·化·文·库·

钦贡噶桑布的职务,他是被尚尊(Žaṅ-btsun)所代替的,而后者又被秋布岗噶瓦(P'yug-po-sgaṅ-dgar-ba)所取代,他们两人是相继由八思巴推荐,皇帝任命的。[1] 除了他们的名字之外,我们对他们完全一无所知。

中部西藏依然很不稳定,在 1277 年,奥鲁赤率领他的军队远征向东进军,远抵聂地(sṄal , gṄal)。在那里,他处死了一个名叫桑钦巴(Zaṅs-c'en-pa)的人,大约是叛乱的一个领导者。[2] 另一方面,在同一年,八思巴在曲弥(C'u-mig,《元史》作出密)举行的西藏宗教领袖们的法会,显然也帮助了平定叛乱的工作。该法会的费用是由一位慷慨的王子真金皇太子提供的。大约是为了表示一种密切合作的形象,这次法会由噶当派(bKa'-gdams-pa)僧人那塘(sNar-t'aṅ)堪布琛·南喀扎(mC'ims Nam-mk'a'-grags)做主持人。[3] 虽然我们掌握的资料完全把它作为一次宗教活动来描述,但它十之八九存在政治作用,比如最终承认蒙古主权之类。八思巴把他最重要的著作、名叫《彰所知论》(Śes bya rab gsal)[4]的佛教概说奉献给真金王子,以感谢他的恩主。

有一则好像属于八思巴晚年的半传说的故事称:忽必烈命令一些官员探察穿过西藏入侵印度的可行性。幸而乌坚巴·僧格班以无法克服的地理上的障碍为由,成功地说服了皇帝,主上十分明智地放弃了这一计划,说那个计划没有成功的可能,并且对西藏将会是一个重累。[5] 当然,这一故事的真实性颇存疑问。

八思巴 1280 年 12 月 15 日在萨迦的拉康拉章圆寂,所有的藏文史料都同意这一日期之说。与这件事相伴并紧接其后的是混乱的局势,问题集中在前任本钦贡噶桑布身上。在他被解职之后,他与萨迦住持

〔1〕HD-1,第 24 页;GBYT,第 2 卷第 41 页 a 面;BA,第 216 页;DMS,第 185 页。

〔2〕KPGT,第 796 页。

〔3〕HD-1,第 26 页 b 面;BA,第 212 页;DMS,第 186 页。关于琛·南喀扎(mC'ims Nam-mk'a'-grags)的情况,参阅 BA 第 282-283 页和麦克唐纳,第 118-120 页注释 55 条。

〔4〕《彰所知论》(Śes bya rab gsal)享有广泛的普及性。它在 1306 年被翻译成汉文,而一部流畅的蒙古文译本印制了 1600 部。参阅今人胡克(C Hoog)的《真金王子的西藏佛教文献读本》,莱登(Leiden)1983 年。

〔5〕KPGT,第 454 页,第 463 页,第 798-799 页;KARMA,第 86 页 b 面。

之间的隔阂日见加深。八思巴的一名弟子或近侍仆从(ñe gnas)的恶意诋毁使其进一步扩大,直到转化为刻骨的仇恨。贡噶桑布作为一个小集团的首领,其中属于这一派的有曲弥万户长(C'u-mig k'ri dpon)、绛万户长(Bya ñk'ri dpon)、夏鲁的夏尔支系(Śar,属于八思巴喇嘛娘舅家族主系的古尚[sku zǎn]),以及萨迦首要的氏族之一的努布巴(Nub-pa)。[1] 最后,这个近侍仆从给皇帝送信,强烈要求他介入反击贡噶桑布,依据另一份文献的说法,前任本钦甚至还犯有毒死八思巴的罪恶。[2]

忽必烈对此事件严肃对待,并在1281年[3]派遣一支7000人的蒙古军,在大批安多义勇军的增援下开向西藏。率领这支军队的是桑哥(Sam-gha,Zam-k'a或在藏文文献中类似的写法),他曾掌管宣政院,后来成为执掌财政和各部的宰相。[4] 这支军队抵达乌域('U-yug)和香地(Śaṅs),然后包围并猛烈进攻贡噶桑布居住的甲若仓(Bya-rog-ts'aṅ),他被逮捕并被处死。在此之后,桑哥进抵萨迦。一到那里,他分遣他的大部分军队,使自己着力于加强蒙古在西藏的军事地位。一个有160人组成的小守备队即驻扎在萨迦,700名蒙古兵被派去监视靠近堆霍尔(sTod Hor),也就是中亚察合台汗国的边境地区。另一部分守备队驻扎在远及南边的甲孜赤(直)古(lCag-rtse K'ri-k'u)。[5] 这是帝国军队在西藏的第一次永久性的占领,颇为策略地分布在该地区的中

〔1〕B Lett,第99页a面(= TPS,第673页);GBYT,第2卷第37页a至b面。

〔2〕HD-1,第24页b面;BA,第216页,第582页;DMS,第186页;KPGT,第796页;KAR-MA,第87页a面。更详细的情况见于巴热瓦坚赞桑布('Ba'-ra-ba rGyal-mts'an-bzan-po,1310—1391年)的自传,KGSP,P'A函第6页a至b面中有记载。也可参看夏格巴1976年,第1卷第295-299页的长篇论述。

〔3〕依据GBYT第1卷第208页a至b面和第2卷第41页a面,远征军在1280年,也就是八思巴去世之前派出。也许,这涉及准备决定介入因贡噶桑布而引起的动乱。

〔4〕"桑哥传"在YS第205卷,是由弗兰克(Franke)在1942年翻译的。参阅伯戴克1980年a。

〔5〕实际上,我们有关桑哥远征的唯一资料是在GBYT第1卷第208页a面至210页a面。一份粗略的梗概,见于LANG第566-567页。在BA第582页、DMS第186页、KPGT第796页,仅仅提及它。依据CBGT第83页b面,它引来了大肆掠夺,并给百姓造成痛苦。索尔释迦僧格,宁玛派著名学者释迦斡的儿子,阻止了在藏地的大屠杀,Zur(素尔),第19页a面。

心部和边境上。桑哥还进一步整治了由于动乱而遭受破坏的驿站与贡役系统。

桑哥的远征队本应最终确立蒙古的统治并建立萨迦政府。几年之后出现所谓"止贡之变",显示事实并非如此。

在八思巴去世以后,萨迦辖区的权力和权威被授予达玛巴拉(《元史》作达耳玛巴剌剌吉塔,Dharmapālaraksita 1268—1287 年),他是恰那多吉的一位藏族贵族夫人,夏鲁的玛琪卡卓本(ma gcig mK'a'-gro-'bum)所生下的遗腹子[1]。八思巴委托他的至亲、夏鲁的庄园主来抚养他。这个小男孩在兴康拉章(Śiṅ-k'aṅ bla braṅ)长大,后来建立了夏鲁拉章(Za-lu bla braṅ),两个拉章都在萨迦。1281 年,他为他的叔父举行了葬礼仪式。就在同年,忽必烈召请他去北京,让他做了帝师仁钦坚赞的继承者。在 1282 年,他获得正式任命[2]。皇帝把阔端的儿子,王子制必帖木儿(Jibik Temür)的一个女儿给他做了妻子[3],并任命他为"西藏的统治者"。他一直是一个俗人,作为一名俗人是不能被合法地委任为大堪布(丹萨钦布,gdan sa c'en po)的。他在京城的活动,最引人注目的是,建造了八思巴功德塔,以及邻近梅朵热瓦的寺院。那里直到元末一直是帝师的正式驻地[4]。他在 1286 年离开帝师职位,前往萨迦,但是,在 1287 年觜宿月(smal po,11 月)18 日,即 12 月 24 日逝于归途中的折曼达拉(Tre Mandala)[5]。

他与他的蒙古妻子也没有子女,他同另一位名叫觉莫达格本(Jo mo sTag-gi-'bum)的夏鲁夫人[6]育有一子,名字叫法各不相同:剌特纳八特剌(Ratnabhadra),或者答儿麻八特剌(Dharmabhadra),或者剌特纳八剌克希塔(Ratnapāaksita)。这个男孩在 5 岁时死去,于是,该家族

---

〔1〕在 TPS 第 658 页引用了夏鲁的家谱。

〔2〕该项任命见于 YS 第 12 卷第 249 页和第 202 卷第 4518 页,是 1282 年的重要事件之一。

〔3〕韩百诗 1946 年,第 74－75 页。

〔4〕现在还未找出这个寺院的汉文名称。

〔5〕也可拼作 Tre'o。它是地图上的"支倭"(Drio)或者"朱倭"(Chuwo),在道孚(Dao-fu)之北和稍微靠近甘孜(Kandze)西部,石泰安(Stein)1959 年 b,第 28 页。

〔6〕夏鲁家谱,见 TPS 第 658 页。

的这一支就断绝了。[1]

在达玛巴拉(Dharmapālaraksita)之后的第一位本钦是绛曲仁钦(Byaṅ-c'ub-rin-c'en),显然是八思巴在 1280 年去世之前不久给皇帝推荐了他。忽必烈皇帝对此人高度信任,在 1281 年宣布了正式任命的诏令,同时赐予带水晶纽的六棱印。此为宣慰司的宣慰使(mi-dpon)的职权标志。[2] 他是作为桑哥远征军的随员,来自北京。这似乎意味着先前他曾在京城的功德使司任过职。这就树立了一个先例,后来在许多场合被加以仿效。绛曲仁钦(Byaṅ-c'ub-rin-c'en)带走了桑耶寺(bSam-yas)的绿松石女神(拉莫,Lha mo)像[3],他与乌坚巴·僧格班关系很好。当他患重病时,邀请此人到萨迦。就在 1281 年底或者 1282 年初,乌坚巴在杰地('Jad)主持了这位本钦的葬礼仪式。[4] 另外一种说法认为,绛曲仁钦是在绛巴耶协桑布(Byaṅ-pa Ye-śes-bzaṅ-po)的夏宫香顿布塘(Śaṅs sDoṅ-po-t'aṅ)被人谋杀的,此人就是贡噶桑布 4 名宠信侍从(g. yog sṅiṅ)的第三位,他大概打算为他死去的师父报仇。[5]

他的继任者是贡噶熏奴(Kun-dga'-gžon-nu),一直担任首席侍从(naṅ c'en gṅer)之职。他可能算做是贡噶桑布小集团的人,这是由于他们作为康区一部《甘珠尔》文献翻译的赞助者而被提及。[6] 在 1283 年 11 月,经过皇帝的准许,他允诺免除西藏僧俗 3 年的赋税。[7] 不几年后,他交出了他的职位。

下一位本钦熏奴旺曲(软奴汪术,gŽon-nu-dbaṅ-p'yug),是拉堆洛

---

〔1〕关于达玛巴拉(Dharmapālaraksita),参阅 HD - 1 第 22 页 a 面;GBYT 第 2 卷第 21 页 b 面至 22 页 b 面;SKDR 第 106 页 a 至 b 面。

〔2〕GBYT,第 2 卷第 41 页 a 至 b 面;BA 第 216 页。

〔3〕TPS,第 258 页注释 200 条引用《大臣遗教》(Blon-po-bka'-t'aṅ)。

〔4〕KARMA,第 87 页 b 面。

〔5〕GBYT,第 2 卷第 41 页 b 面。他与绛氏家族没有关联,后者在萨迦衰微时期扮演着一个不可忽视的角色。

〔6〕DE Jong,第 525 页。

〔7〕NEL,第 158 - 159 页。

(La-stod Lho)家族的一名成员。[1] 当八思巴去世时,他被派往京城,接着,他返回到萨迦,当达玛巴拉去世时他已经履行其职责。在他任职时期,内部局势新的发展是其特色。中部西藏地区,如同桑哥已经看到的那样,非常贫困,这也是贡噶熏奴请求免除赋税的一个原因。显然,整个金融和财政体系已经失控,需要重新拖曳。在 1287 年,赤热钦布(大法院,k'rims ra c'en po,大概是尚书省或御史台)派两名和肃乌奴汗(ho śu u nu k'an)到西藏与熏奴旺曲通力合作,对 1268 年人口调查进行了一次修订(且色,c'e gsal 或 p'ye gsal)。[2]

除了当地的局势需要之外,这次行动几乎可以肯定与桑哥更大的行动有关联。他在那些年里掌管帝国的财政,在 1287 年组织了中国南方地区的第一次课税稽查(括勘,kua k'an),在委派的农官(行大司农使,hsing ta-ssu-nung-ssu)监督下进行,在 1287 年到 1290 年于平羌(P'ing-chiang)实施。[3] 在第二年,他发布命令,在该地区进行一次全面考

---

〔1〕LANG,第 791 页。

〔2〕HD－1,第 24 页 b 面;GBYT,第 1 卷第 214 页 a 面。依据同一文献稍有不同的版本,LDL5(《第五世达赖喇嘛自传》)KA 函第 21 页 a 面告诉我们,一位多术乌奴汗(do-śu-u-nu-k'an),由阿衮(Ar-mgon)和司徒阿吉(Su-t'u A-skyid)(1268 年括户的官员)陪同完成了人口的统计。这一点看起来好像是把 1268 年和 1287 年的括户混在一起了。这似乎是为处理在那些资料中遇到的令人费解的说法的一种合理的安排。按我的理解,它只出现 3 次:

和肃乌奴汗(ho-śu-u-nu-k'an)(GBYT 第 1 卷第 214 页 a 面)

讬书阿奴甘(t'o-zu-a-nu-gan)(GBYT 第 1 卷第 193 页 a 面)

多术乌奴汗(do-śu-u-nu-k'an)(LDL5 KA 函第 21 页 a 面)

我认为,这是一个官号,而不是一个真正的人名,它由两个词组成,其中第一个词正确的形式应该是"t'o- śu"。多次出现在标准的惯用语"带有'讬书'的水晶印",例如,在 SKDR 第 118 页 b 面,第 175 页 b 面,第 176 页 a 面所看到的,以及在 SKDR 第 174 页 a 面和 BA 第 520 页的简化为"śel t'o śu"。我们在 LANG 第 472 页还发现"用黄金书写的文告'讬书'"。我认为,第一个音节是汉字"讬"、"去委托"、"去授权",而第二个音节应该是汉字"书"、"文书"。完整的意思是"委派的有效证书"。总之,这一说法在原文献中没有发现。这一解释,是通过出现在 LANG 和 GBYT 第 1 卷第 193 页 a 面中相似的形式"讬令"(t'o-lin)得到证明的,在那里,第二个音节是汉字"令"、"出自王的命令"。第二个词的正确写法是"u-nu-k'an",是蒙古语"unuqan"、"驹"的完美的转写。"驹"字出现在这一背景中似乎可笑。尽管我把这一问题的辨析写在一篇论文中,提交给 1988 年 8—9 月在日本成田举行的第五届国际藏学研究讨论会,但是,我现在还没有准备好提出任何意见。

〔3〕Uematsu,第 56－58 页。另一部地籍册的勘查是在 1315 年完成的,但是,它仍旧没有推广到整个西藏。

稽,并征收拖欠租税(理算)。为了达到这一目的,他建立了特别的委员会"征理司"(cheng-li ssu)。显然他在 1287 年前往西藏,应是同一政策的另一个例证。所有这些活动都是在 1289 年 2 月 2 日宣布,并且在 1290 年结束的大清查中完成的。[1] 然而,这次行动没有涉及西藏。

除了在财政校理方面进行合作之外,本钦熏奴旺曲还完成了一部乌思藏法典(žib c'a)细则的编撰工作,该细则的完成可能是为了与 1268 年所引进的蒙古法典相一致。[2]

在此同时,新的帝师和住持开始履行职责,他们绝对不属于昆氏(《元史》作款氏,'K'on)家族。到 1286 年底时,忽必烈把夏尔巴(Śar-pa)家族的耶协仁钦(《元史》作亦摄思连真,Ye-śes-rin-c'en)封授为帝师。他是协饶迥乃的侄子或侄孙,而协饶迥乃,则是萨迦班智达在 1244 年离开萨迦时所委任的他的教区两位宗教上师之一。[3] 皇帝看到萨迦职位有空缺,遂指派耶协仁钦的弟弟绛央仁钦坚赞('Jam-dbyaṅs-rin-c'en-rgyal-mts'an,1257—1305 年)担任代理堪布(方丈,拉却,bla c'os)。人们几乎注意到,好像夏尔巴兄弟俩和他们的氏族将要取代昆氏家族。他们的职务可能与桑哥的权势迅速增强有关,而且我们有理由怀疑:这两位夏尔巴兄弟是他的心腹门徒。

很难说这种改变是否对当时内部局势的恶化负有某些责任。骚动已经在某个时候发动起来,而且他的急先锋是止贡派的僧人们。这些僧人们显露出他们自己对元朝—萨迦政体强烈的敌意,在 1285 年,他们捣毁了甲域寺(Bya-yul),杀死了它们的住持。[4] 两年之后,他们开始发动一场更危险的"叛乱",或者更准确地说是内战。[5] 这一次,使熏奴旺曲面临一个他似乎无法解决的问题。1288 年 11 月,他担任乌

---

〔1〕Uematsu,第 61 页。

〔2〕HD-1,第 24 页 b 面;GBYT 第 2 卷第 41 页 b 面;BA 第 216 页。

〔3〕HD-1,第 24 页 b 面;GBYT 第 2 卷第 39 页 b 面;SKDR 第 265 页 b 面。关于夏尔巴家族,参阅 HD-1,第 23 页 a 面至 24 页 a 面和 GBYT 第 35 页 b 面至 37 页 a 面。耶协仁钦(亦摄思连真)的任命在 YS 第 14 卷第 204 页有记载,作为 1296 年的事件之一。

〔4〕BA,第 303 页;DMS,187 页;KPYT,第 335 页。

〔5〕我们被清楚地告知,"叛乱"在熏奴旺曲时期爆发。

思藏宣慰司的宣慰使。以此身份,他请求皇帝颁布诏令,使在他统率下的军事基地的饥饿家庭得到救济,皇帝答应拨给 2500 两银子。[1] 后来,他牢固地掌握着这一职位,大约直到应召去北京担任佛教功德司功德使。

关于他的继任者绛曲多吉(Byaṅ-c'u-rdo-rje)的情况,除了他是甲瓦耶协(rGyal-ba-ye-śes)的弟子[2],在 1313 年之后是觉囊(Jo ṅan)的堪布之外,我们完全一无所知。显然,这个隐秘的人物只是在很短的一段时间里管理事务。

极为不同的是有关下一位本钦阿加仑·多杰班(Ag-len rDo-rje-dpal)或称作阿加仑·扎西(An[g]-len bKra-śis)的情况,他是为数不多的强有力的人物之一。[3] 他是在 1268 年人口普查中发挥作用的两位高级官员之一的苏图阿吉(Su-t'u A-skyid)之孙。他的主要政绩是平定叛乱,在 3 年时断时续的交战之后,他使止贡贡巴(内政长官)陷入极为悲惨的困境,不得不到堆霍尔那里得到增援部队[4],当他返回时,他切断了驿传。这次轮到阿加仑向朝廷请求帮助,王子奥鲁赤的长子镇西武靖王铁木而不花(Temür Buqa)[5]被派往西藏。在 1290 年,蒙古军队与阿加仑统率的十三万户的民兵一起,在班莫塘(dPal-mo-t'aṅ)击溃敌人。止贡寺遭到猛烈的进攻并被放火焚烧,寺院的大部分僧人被屠杀,贡巴(sgom pa)也被处死。堆霍尔的军队溃散,而他们的

---

〔1〕YS,第 15 卷第 315 页。

〔2〕BA,第 775 页。

〔3〕关于阿加仑(Ag-len)的一些情况,是由第五世达赖喇嘛提供的,后者的母亲与阿加仑属于同一个家族(纳噶孜,sNa-dkar-rtse)。LDL5,KA 函第 21 页 a 至 b 面,在 TPS 第 687 页有译文。这一节的叙述采自 GBYT,但是,我未能进一步查出它的来源,最多能在 GBYT 第 41 页 b 面至 42 页 a 面中发现一些线索。

〔4〕在最初,"堆霍尔"(sTod Hor)的名称是用于在伊朗的旭烈兀的管区。但是在 14 世纪,它被用来指察合台汗国。关于此问题最权威的章节是 KARMA 第 182 页 a 面,噶玛让迥多吉接到堆霍尔王秃鲁贴睦尔(T'u-lug T'e-mur),也就是察合台汗国的统治者秃火鲁贴睦尔(Tuyluy Temur,1274—1306 年)。依我之见,堆霍尔的军队,是由笃哇(Dua)派遣的,他是察合台家族的首领,是在海都(Qaidu)长期反对大汗忽必烈以及其继承者的斗争中的忠实伙伴。夏格巴(Shakabpa)1976 年,第 1 卷第 307 页,也把"堆霍尔"与"噶什噶尔"(Ka-śi-ka-ra)或者"喀什噶尔"(Ha-śi-har),也就是喀什相互等同。

〔5〕关于铁木而不花,参阅伯戴克 1990 年,第 259 页。

统帅仁钦(元代文献作"亦邻真",Rin-c'en)王子(rgyal bu)被押解到京城。联军继续向南推进,攻克达布(Dags-po)、工布(Koṅ-po)、艾(E)、聂(gÑal)和洛扎(Lho-brag),远抵门拉噶布(Mon-la dkar-po),冲向阿萨姆(Assam)。于是,巩固(或加强)了萨迦和蒙古对中部西藏东南部地区的统治。这一地区首要的宗教首领和地方领主却杰班桑(C'os-rje-dpal-bzaṅ)请求归顺。[1] 我们甚至从史料中得知,阿加仑把他自己的名字刻在达布和下游聂地边界的一些岩石上。在乌思(dBus)本土,蒙古人拘捕了蔡巴万户长噶德衮布('Ts'al-pa k'ri dpon dGa'-bde-mgon-po),他被送往北京,在桑哥倒台之后才被释放。帕木竹巴寺差一点遭遇与止贡寺同样的灭顶之灾,万户长绛曲熏奴(Byaṅ-c'ub-gžon-nu)获得了安全保障。[2]

对止贡派而言,从这一次打击中恢复过来需要一些时间,寺院住持逃到工布,他的两位继承人未能长久地待在寺院。尽管如此,新的贡巴从皇帝那里获得了充足的资金以修复寺院,并且由 13 岁的新住持久尼巴(bCu-gñis-pa)迅速地完成。[3] 尽管叛乱最后的余烬已被扑灭,王子铁木而不花和他的军队依然在西藏驻扎好多年。[4] 如同我们下文即将看到的一样,乌思藏宣慰司变成为一个兼有民政和军事功能的机构(宣慰使司都元帅府),中部西藏的元朝行政机构最终设置完成,它一直保持不变,直至元末。至于阿加仑,在那些事件期间以及在此之后,他被任命为宣慰使。在 1295 年时,依然保持这一职位。[5]

〔1〕BA,第 1088 页。
〔2〕HD-1,第 37 页 b 面;GBYT 第 170 页 b 面至 171 页 a 面。关于这一次"叛乱"事件后果的一种不同说法,参阅史伯岭 1987,第 36 页所提供的资料。
〔3〕KPGT,第 411 页,第 750 页。
〔4〕HD-1,第 37 页 b 面。
〔5〕ŽL,第 2 号。

3 制度结构

3.1 设在朝廷中的组织

在初期,帝国政府没有设立管理西藏事务的机构,可汗本人是以边疆统帅、国师及其他西藏喇嘛们所提供的情报和意见为基础,由他扮演从了解情况到付诸行动的角色。实际上,八思巴不是忽必烈的唯一扈从,例如,宁玛派伏藏师素尔释迦沃(gter ston Zur Śākya-’od,1205—1268 年),皇帝对他准许中部西藏的密宗僧人享有免除赋税与兵役的特权。[1] 还有嘉·阿年胆巴贡噶扎(汉文作“胆巴”,《元史》又作“功嘉葛剌思”,rGya a sñan Dam-pa Kun-dga’-grags,1230—1303 年),八思巴亲自将此人推荐给忽必烈。[2] 尽管这些僧人如同具神通者和魔术师一样享有很高的声誉,事实上却并未扮演政治角色,如同八思巴那样。

然而,当国师在 1264 年的夏季离开朝廷时,皇帝可能感觉到在京城需要一个衙门,在八思巴缺席时来履行统领中国佛教事务,并指导西藏局势发展的职责。在那一年,或者稍后一点,他创建了“释教总制院”,通常任命远方的国师全权管辖。它的命令和指示通过被称作“释教总统所”的当地机关传达到中国的行省,有例为证。这些机构最早出现在 1265 年,而在 1311 年被废除。

在几年之后,总制院最有影响的首领是畏兀(维吾尔,Uighur)化的藏族人桑哥(Sang-ko,Sangha),他在汉文文献中被列在“奸臣传”里,中国史籍编撰中的传统主题之一。依据藏文资料,他是八思巴的一

---

〔1〕次仁(Tsering),第 511–520 页。
〔2〕关于胆巴的情况,参阅弗兰克 1984 年。

个弟子,但是,汉文资料说他是胆巴的门徒。

有关八思巴不在朝廷,以及他1269—1271年在京城短暂逗留期间,该院工作的情况,我们不得而知。后来他被任命为新的帝师职位,继续保持着总制院领袖的称号,但是,他大多数时间不在首都而在安多,而且在1274年,他最终离开朝廷返回萨迦。这些在他的继任者仁钦坚赞(Rin-c'en-rgyal-mts'an)管理之下未有改变。但是,在他去世之后的1279年,皇帝实施了一项彻底的改革。

总制院在这种背景下立即被撤销,在1280年2月14日,忽必烈创建,或者更确切地说是恢复了功德使司,它仿效唐代时期的一个古老的衙门而设立,那个时候它是一个从事佛教事务和朝廷典礼的机构。它现在变成一个"隶属于帝师、管理所有僧众,以及吐蕃(安多)民政和军政事务"的机构。[1] 我们发现,在1281年它发挥着连接政府与佛教僧侣之间的官方渠道的作用。[2] 令人惊异的倒是它的品级(从三品),对于如此一项重要的工作来说,它显然是不适当的。

在一个较短的时间里,桑哥的势力不断扩大,扭转了这种局面。他成功地远征中部西藏(1281年)应该是提高了他的威望。在1282年,他负责监督因砍伐神殿和寺院墓地的树木而给予赔偿的工作。[3] 不久,功德使司落入他的控制之下:在一份日期是1284年3月21日的文书中,僧人(脱因,toyin)小演赤(Hsiao-yeh-ch'ih)是作为功德使司的理事出现的,而桑哥则全面负责该机构事务的管理工作(令)。[4] 在1286年,他的名字也是第一次作为总制院的官员首领而出现的。[5]

桑哥的崛起因于皇帝的宠爱,在随后的一年中达到顶峰。在1287年3月25日,他成为新恢复的最高书记处(尚书省)的两位副宰相之一。而且在同年12月11日,他被任命为尚书省的首脑(丞相),实际上

---

〔1〕Nagami(野上)1942年,第129-130页。

〔2〕FTLTTT,第707页c面。

〔3〕YS,第12卷第243页。

〔4〕PWL,第776页a面;FTLTTT,第708页b面,709页a面。大致相同的情形,在YS第205卷中有记载。

〔5〕YS,第14卷第291页。

·欧·亚·历·史·文·化·文·库·

33

相当于首相。他同时担任总制院和功德使司两个机构的首领[1],因此,完全控制着佛教事务。他的职务通过重新改组而得以正式确定,在1288年12月7日付诸实施。当时,总制院被更以新的名称"宣政院"。[2]这一名称我们可以翻译为"佛教与西藏事务部"。它的级别很高:从一品。事实上,这个新的部门是独立创建的一个部门,而总制院继续扮演一个与它并存的、含糊不清的影子的角色。一直到1291年5月22日,总制院最终并入宣政院。[3]

桑哥掌管新的机关,有一位完全服从他的意志的僧人作为他的同僚。该院的幕僚完全是固定的,它包括两名院使(总首领)、两名同知(助理院使)、两名副使、两名参议、两名经历、四名都事、一名管勾、一名照磨。在1289年增加了两名断事官(法官,蒙古文作札鲁忽赤Jarrōči)。[4]

1291年3月16日,桑哥的权力被剥夺,随后在8月17日被处死。饶有兴味的是,它特别提到,只是在他失宠之后,总制院才最后被撤销,好像废除某种机构与失宠的大臣有密切的关系。在同一年,宣政院增设一名金院和一名同金为幕僚。

功德使司,一个持续含糊不清的实体,在1294年被取消。它在1303年又被恢复,并起了一个新名叫"延庆司"。不管怎样,它又回到它从前的管理佛教典礼和朝廷礼仪工作上来,与西藏事务没有联系。在1311年它恢复原名。它从1317年颁令大批废除宗教事务机构中得以幸免,但是,在1326年它再一次被撤销。这一决定获得确认,在1329年它的职责被转交给宣政院。三年之后,它又被恢复,而且这是我们最后一次听到有关它的消息。[5]

---

〔1〕YS,第14卷第301页。

〔2〕YS,第15卷第317页。

〔3〕YS,第16卷第346页。

〔4〕除非在别处作出说明,关于总制院和宣政院的主要情报是来自 YS,第87卷第2193—2194页(拉契涅夫斯基1937年,第151—152页和第32—33页的翻译)。最好的专论仍然是野上1950年,第779—795页。

〔5〕参阅野上1942年,第132—139页。

佛教和西藏事务部(宣政院)在随后的几年中经历了屡次变更,在1295年增设了院判。在1300年取消了法官(此职在当时设立四名),而在1308年同样撤销了一名院使。但是,后来不久,该事务部的首领数目极其显著地增加了:在1323年有六名院使。1330年,举行最后一次官员改组,下面这些人员留在该事务部(宣政院):十名院使(从一品)、两名同知(正二品)、两名副使(从二品)、两名金院(正三品)、三名同金(正四品)、三名院判(正五品)、两名参议(正五品)、两名经历(从五品)、三名都事(从七品)、一名照磨(正八品)、一名管勾(正八品),以及相当多的秘书参谋(编纂、翻译和使者等)。

宣政院改组最后完成后,成为帝国五个最高建制之一。它拥有选择和委派其官员的权力,无须通过人事部(吏部)的认可。它获得授权,在西藏发生动乱的情况下,可以设立一个独立的机构(分院),以便前往恢复社会秩序。如果实施大规模的军事行动计划,则由宣政院和枢密院共同决定。

3.2 帝师

帝师这一职位的设立在1269年末或者1270年初,当时忽必烈赐给八思巴这一封号。直到元朝灭亡为止,它是由属于萨迦派的男性僧人担任的,但并不总是昆氏家族人把持着历世住持的职位。[1] 事实上,在将近一个世纪的时间里有九人担任过这一职务,其中只有五人是昆氏家族的成员。

帝师(藏文作 ti śri,有时作"拉钦"bla c'en)居住在北京,而且他的官邸是在皇宫围墙内的梅朵热瓦寺(Me-tog ra-ba)。[2] 当他离开中原时,他空出的这一职位总是立即被后继者取代。在八思巴之后,萨迦住持和帝师的崇高职位保持着严格的区别。

---

〔1〕帝师年表,已由 Inaba(稻叶正就)发表一组日文论著反复研究,他总结了他的研究成果(用英文)。汉文表二,第256页,可靠程度更小。

〔2〕使人诧异的是,"梅朵热瓦"(Me-tog ra-wa)的汉文名称仍然没有查出。

·欧·亚·历·史·文·化·文·库·

帝师是帝国政府中一个常设的职位,他享有无上的荣耀,部署重大安排,他在总制院以及后来的宣政院中发挥着极为重要的影响力,宣政院的院使之一是由他推荐的。[1] 不过,我们必须永远记住:不管帝师如何受到尊敬,他只是皇帝设在朝廷的一名官员,很难进行任何违背蒙古人利益的行动。在中部西藏,他的法旨如同皇帝的圣旨一样具有效力,但是,他的命令是在地方机关官方文件的范围之内传达的。如夏鲁文书所示,帝师发布命令(当,gtam)是在皇帝的权力(龙,luṅ)之下才有意义,尤其是在财产和特权的批准方面。除此之外,他没有直接参与对于中部西藏政府的实际管理。

在这个问题上,关于萨迦寺住持在行政管理方面具有重要地位的某些说法,也不是事实。萨迦寺住持是西藏世俗统治者这一常见的错觉,应该被抛弃。住持和帝师是两个永远不同的角色,而且住持是严格限制在宗教领域,没有超出他的寺院领地范围之外的世俗权力。

作为最后一个要点,从八思巴到最末一位的所有的帝师,都是在年轻时期被委任为帝师的,有时甚至十分幼小。这一点表明,帝师的候选者在宗教上和道德上的成熟,不是一个必需的要素,也不必是他们的先世师父的转世。而且,如此的委任,即使不是纯粹意义上的,也主要是一种政治行为。

3.3 设在中部西藏的朝廷职官

蒙古在中部西藏行政机关的最初的萌芽,是由蒙哥家族的王子们委任的许多"守土官"(yul bsruṅs)来体现的,西藏主要教派的保护人是在这个家族成员中间进行分配的。守土官们似乎扮演了一个类似于在英国皇室统治之下拥护印度王子的"驻扎官"的角色。如同上文所指出的那样,在1260年这一制度被废除,守土官被召回。守土官阔阔出(Go go c'u,Go go c'e)是一个例外,他管理着被授予旭烈兀的藏地和

---

[1]关于帝师的地位,参阅 YS 第 202 卷第 4521 页(= TPS,第 31 - 32 页)。

西部封地,直到 13 世纪 70 年代。[1] 我们猜想,伊利汗对帕木竹巴有效控制的终止时间在这一时间之后,尽管阔阔出的儿子多吉僧格雅隆巴(rDo-rje-seṅ-ge Yar-luṅ-pa),在 13 世纪 90 年代末是那个万户政府中一名有影响的成员。[2]

新的组织机构建立于 1268—1269 年,按各不相同的方式来管理。首先,官方的蒙古行政机关的术语被大批引入。事实上,原先并不存在此类术语,它填补了一个真空并在相当长的一个时间里保存下来,在藏语词汇中发挥着某些影响。帝国的官方语言是蒙古语,西藏人的封号、职官术语等,即是译自这一语言。就最为通行的汉语术语而言,它们的翻译也不是直接的,而是转译自他们吸收了的蒙古语的形式。让人懊丧的是,没有多少蒙古职官(它自身没有很好地保存下来)的藏文对应词留给我们。

尽管我们掌握的主要的藏文资料中有非常详细的段落,有可能让我们接受这样的说法(参看下文第 44 – 45 页——译者),但西藏却并没有被列为一个行省。它变成帝国的一个地区,接着,被赋予一种在所有边疆地区所建置的制度。全部讲藏话的地区被划分为三个大的单元,蒙古语叫做区喀(čögel,在藏语中译作 c'ol k'a),而汉语称作

---

〔1〕LANG,第 245 – 247 页。我们缺乏 1276 年王子奥鲁赤到来之前,有关阔阔出停止活动的情报。作为一种纯粹的假设,我们可以推断,它与这一事实有关:作为属地分配给中国北方的旭烈兀的猎人和养鹰之家庭,在 1275 年,按照伊利汗的特别要求,转归到帝国政府的直接统治之下。YS,第 40 卷第 852 页和伯希和 1959 年,第 5 和 120 页。同样的情形在伊利汗的西藏封地上有没有发生呢?

〔2〕GBYT,第 2 卷第 171 页 a 面。全名只见于 HD – 2 第 124 页。多杰雅隆巴是“域宋”(守土官)的儿子,而不是守土官本人。这一术语仍然在 1297 年完者笃皇帝涉及僧侣免税的一道诏书中出现过,HD – 1,第 39 页 a 面。从那时起,它大概失去了它的严格的官员内涵。

"道"。[1] 它们是:吐蕃(T'u-fan,多麦 mDo-smad,《元史》作脱思麻),也就是现在的安多和康区北部的一部分;西蕃(Hsi-fan,多康 mDo-K'ams,《元史》作朵甘思,或多思堆 mDo-stod),也就是现在的康区;以及乌思藏(dBus-gTs'aṅ),也就是中部和西部西藏。关于吐蕃和西蕃的区喀的组织制度,我已有另文讨论[2],在这里,仅就与乌思藏有关的情况加以论述。

中部西藏的政府是由一个叫做宣慰(使)司(蒙古文 sön ui si,由此,藏文作 swon wi si,或类似的形式)的机关来管理的,该术语是惯例的,但是并不很恰当,可译作镇抚司。它的性质依然不易确定。同样地,汉文文献未能给我们提供一个清晰的概念。它是在汉地和边疆地区都采用的一个特殊的机构,在汉地,它的任务主要是在地方一级和省级政府(行中书省)之间的民事和军事事务中担任调解人,传达帝国政府的命令及地方向朝廷的奏书。总而言之,它的职责是监督大于管理。在边疆地区,它在军事方面的职责是占主导的,而且在许多情况下,与区域性的统帅机构(都元帅府)结合在一起。[3]

在藏族人三个区喀或道中,宣慰司与省政府(行省)不发生联系,而直接隶属于宣政院。乌思藏宣慰司的职责,是在国家该自治机构之上行使或多或少的严格的控制;日常的行政事务,显然是留给了本钦管理,属于地方一级的,则留给十三万户管理。乌思藏宣慰司建立的日期

〔1〕后来,这一问题由伯希和 1930 年,第 18 – 21 页加以研究。没有进一步论述,人们就接受了区喀对应于汉文"路"的说法。我不想现在重复商讨这一汉文正确的同类词,尽管我发现有时必须予以更严格的详尽的研究。但是,就西藏而言,事实上,在元朝时期,藏区每个区喀由一位宣慰使来控制,而且,一位宣慰使的管辖区被称为"道",如同 YS,第 91 卷第 2308 页所明确记载的那样,参阅胡克,第 6303 号。关于西藏三道的具体叙述,参阅 YS,第 30 卷第 669 – 670 页,并参阅韩(Han),第 2 卷,第 259 页。一个"道"通常管辖两个或者更多的"路",的确,宣慰司控制乌思藏和纳里速、古鲁孙三路,是在 YS,第 87 卷第 2198 页曾经提到过的。我想,这一证据是无可争论的。当然,我不想夸大它。我想弄清楚区喀这一术语是什么,不管它在汉地怎样使用,它是从蒙古传入西藏的,表示的不是一个"路",而是宣慰司的一个"道"。

〔2〕参阅伯藏克 1988 年,第 373 – 375 页。在这一联系中,应该指出,吐蕃道和西蕃道的管辖范围,是在帝国行政机关直辖的地区(路)和地方首领及氏族自治两者之上的扩展,当时,只有乌思藏道由中部西藏的自治政府管辖。

〔3〕关于宣慰司总的情况,参看 YS,第 91 卷第 2308 页(= 拉契涅夫斯基 1937 年,第 93 页)。关于"宣慰司都元帅府",参看 YS,第 91 卷第 2309 页(= 拉契涅夫斯基 1937 年,第 235 页)。

尚不清楚,同样地,在《元史》(YS)中,无论是本纪还是传,都没有为我们提供一些线索。然而,我们猜想,它是在1268年建立的,这一点具有很大的可能性,而且与这一年在西藏进行的人口普查有关。它在13世纪70年代无疑是存在的,当时该机构的一名成员在噶玛拔希返回家乡时曾遇到过他。[1]

宣慰司的管辖范围("道",按字意作"路")扩大到乌思、藏和纳里速古鲁孙(阿里)三个地区(汉文作"路")。[2] 就"路"这个术语而言,不存在蒙古文或藏文的对应词,它是简单地转写(蒙古文作 lu,藏文作 klu)。在西藏南部,宣慰司的权力最初纯粹是名义上的,直到王子铁木而不花和本钦阿加仑在1290年成功的战役之后才得以实现,并使辖区扩张到达布和工布。在那一年的事件之后,帝国政府决定在中部西藏建立一个永久性的军事机构,以便避免重复代价巨大的远征。1292年11月9日,由宣政院提出一项议案,将乌思、藏和纳里速三个地区的行政机构改为联合的宣慰使司都元帅府。[3]

它的最后的形式,同样地在《元史·职官志》的栏目中(卷87)得以罗列,乌思藏宣慰司有五名宣慰使(长官)[4]、两名同知(长官助理)、一名副使、一名经历、一名镇抚(驻军统帅)、一名捕盗司官(治安长官)来管理。一些次一级的机构从属于宣慰司。它们是:纳里速古儿孙两名都元帅(区域统帅);驻守乌思藏,指挥蒙古军的两名元帅(区域元帅);负责担里(?)军事事务(管军)的一名招讨使(镇压叛乱的长官,军事警察首领一类人?);最后一位是乌思藏地区的转运(运输官),或者是负责军事驿站(dmag 'jam)的官员。其中一名都元帅可以被任命为"三都元帅",也就是"三路都元帅"一级的高级官员,统领所有三

---

〔1〕KPGT,第464页。陈,第6页提出将这一日期大致确定在1280年。依据东噶洛桑赤烈HD-2第358页注释第295条,它是在1272年建立的。这一论断没有注明资料来源,它显然是以把中部西藏和吐蕃(安多)经常性的混淆为依据的,在安多的一个宣慰司事实上是在1272年建立的。

〔2〕YS,第87卷第2198页;参阅韩,第2卷,第263页。

〔3〕YS,第17卷367页。

〔4〕这样大的数目似乎实在是奇特的,但是,这一点没有允许我们猜想它是指"使"的按次序的完整名单,如同陈,第8页所指。

路的官员。[1]

宣慰司的朝廷官员是支付纸币薪金的,一些元朝的钞票在作为宣慰司的司令部萨迦拉康钦莫(大拉康)被发现。[2] 钞票的使用很可能限制在官方建筑物周围,如同马可波罗明确指出的那样,西藏人没有认可蒙古人的纸币。

关于宣慰司的实际功能,我们所知甚少,正史和文书显示,至少这个臃肿的机构的最基本的部分是存在并发挥作用的。同样地,就它的全体人员来说,实际居住在西藏的蒙古官员的数目并不知道,汉人未受雇用,至少在行政长官这一级没有汉人。有理由推测,随着时间的推移,首领官员愈来愈趋于藏人化。1332年至少有一位都元帅和一位招讨使是西藏人。[3] 尽管如此,蒙古官员一直驻守在西藏,几乎到元末。在1350年中期,一位叫定久(DingJu)的人被委任为蒙古军队的都元帅,蒙古士兵尚属未知,但数目不多的一部分在1354年和1356年时依然驻扎在萨迦。[4]

在14世纪,宣慰司经历了某些变化,驻扎官宣慰使不再出现在我们的史料之中(实际上,见于《朗氏宗谱》),而且这一机构的职务空缺。当时,它的不同提法是"宣慰司的长官"(复数称"管民官们",mi dpon rnams)。同时,"都元帅"一名变得更为常见,可以随意委任给西藏当地的领主,它在元朝灭亡很久以后依然存在。

上文所描绘的图景,主要是我们从《元史·职官志》一节得到的。依据这些记载,宣慰司依宣政院而定,帝师在表面上操纵着宣政院系统,他能够在西藏发布命令和准许特权。然而,元朝制度的特色之一是不同机构在同一领域和同一地区的相互作用,关于它们相互之间的责任义务,我们还不大可能获得一个清晰的认识。西藏无法逃脱"外部"机构的这一介入。一些帝国的王子把持着统帅职位,并在属于西藏北

---

[1]在 LANG,第509-510页的记载是一个例证。

[2]《西藏萨迦寺发现的元代纸币》,见《文物》1975年第9期第32-34页;又见张,第31页。

[3]LANG,第294页。

[4]LANG,第478页、527页、555页。

部的管区内拥有封地,能够发布涉及恩准特权和任命官员的命令(令旨,lingǰi),就像帝师一样。第一个例证是,1305年由当时统领蒙古军队、后来做了皇帝的怀宁王海山(Qaišan)所发布的蒙古文和八思巴字著名文书,该文书是支持夏鲁的领主(古尚,sku žan)的。[1] 后来有镇西武靖王的王子们偶然的介入,该王封号是从忽必烈的第七子奥鲁赤传下来的,并享有河州的采邑。直到元末,他们是受命(军事或别的使命)派遣到西藏的皇室家族的仅有的一支。他们的令旨大部分是在14世纪最初几十年间由王子搠思班(Čobal)颁布的,内容包括确认夏鲁领主的特权[2],为帕木竹巴增加一个新的万户长等。这些文书是以皇帝的名义颁发给宣慰司成员和其他在西藏的官员的。这些王子并不驻守西藏,在没有向西藏事务的最高机构宣政院征询意见的情况下,是怎样能够任命人员并授予特权的,这一点并不清楚。也许这一机构重叠的状况,对我们来说显得自相矛盾,在元代时期本身却并不觉得如此。

最后,我们注意到作为帝国权力中心的萨迦,还可以接受被流放的高级官员来定居。例如,在1321年一位高丽王子被流放到这里[3],以及在1359年著名大臣太平的儿子也先忽都(Esen Qudu),在他的父亲倒台并自杀以后,被流放到这里。[4]

3.4 本钦

本钦或世俗行政官仅见于藏文资料中,在夏鲁文书或汉文史料中并没有记载。不过,在人们的眼里,而且事实上它显然也是一位行政机构的首脑。

这一职官的起源,可以追溯到萨迦班智达启程前往凉州的1244年。当时,他委托释迦桑布照看寺院,大概也监督僧人们的戒律,在这

〔1〕由伯希和公布并翻译,见 TPS 第 619 – 624 页。
〔2〕文书的藏文原件保存下来;ŽL,第 10 号。
〔3〕韩百诗 1957 年,第 194 页。
〔4〕YS,第 140 卷第 3372 页。关于太平(T'ai-p'ing)、贺惟一(Ho-wei-i),也参看 Dardess,84 – 87,第 148 页。

一点上没有什么特别。甚至在 20 世纪,住持(堪布,mk'an po)是寺院名义上的首领,但是限制为宗教上的领导和教育,寺院是委托给翁则(dBu mDzad)或格贵(dGe bsKos)来照管的,寺院财产的管理则是涅巴(gÑer pa)或齐索(sPyi so)的工作。从未有过因住持长期不在而给行政管理者增加负担和权力的先例。这一状况,在整个萨迦—元朝时期并没有改变:住持堪布(gdan sa c'en po)继续保持着教派领袖的位置,而在世俗事务方面他通过本钦来发挥作用。

萨迦本钦这一角色,在藏文文献中给出的定义如下:"他根据喇嘛的命令(bKa')和皇帝的圣旨(Luṅ)来统治。他保护两种法律(K'rims gñis,宗教的和行政的),并维护地方的安宁和宗教的繁荣。"[1]从这一份文献可以推断,本钦(他通常是一名俗世人)是由皇帝任命的,显然要通过宣政院,由帝师向上推荐,然而后一点,仅仅是猜测。尽管如此,我们自然不能像某位中国学者那样走得太远,说:在 1280 年之后,"本钦是皇帝的人,而不是萨迦的人"。[2]

除去这些含糊的陈述之外,西藏政策特有的面貌,以及上述有关蒙古地位至上的所有事实,造成一种局面:本钦以他自己的权力管理萨迦寺的土地财产,除此之外,他以其能力作为帝国的一名官员在宣慰司的控制下行事。[3] 在此前提下,他是中部西藏自治政府的首领。

本钦和宣慰使的确切关系,的确是一个争论的焦点。我们说过,也许在 1264 年或 1265 年,第一任本钦释迦桑布从忽必烈那里得到"dBus-gTsaṅ zam klu gun min dbaṅ hu"的名号和水晶纽印,这就是汉文

---

〔1〕GBYT,第 2 卷第 39 b 面。该文献继续说道:"还有朵堆(mdor-stod)的馆觉(Gon-gyo)和多麦(mDo-smad)的灵藏(Gliṅ-ts'aṅ)的本钦,也就是三个区喀各有一名本钦。"从它的表面意思来理解,这一陈述指萨迦政权在整个东北部藏区和东部藏区拥有权力,对于这种权力在多大程度上是有效的,却很难说。这一问题,无论如何已经超出了目前的研究范围。关于萨迦本钦的地位,也可参看 LANG,第 801 页,806 – 807 页。

〔2〕沈(Shen),第 146 页。

〔3〕由帝师从大都(北京)或者上都颁布的夏鲁文书,始终是给宣慰司的首席官员(mi-dpon)的;本钦这一术语从来没有在那里出现过。关于这一点,特有的一件是 ŽL 第 5 号,它颁布诰告给"宣慰司的官员们即斡节僧格和其他人",这个人是第十二任本钦,但是,在文书中缺少"本钦"之名号。

"乌思藏三路军民万府"（这里作者翻译或者原文排印略有错误,不是"万府",而是"万户"——译者),意思是"中部西藏三地区（路）行政军事事务最高行政机关的成员或首领"〔1〕这似乎表明,"三路"最初被视为王子们的属地(klu gsum la dbaṅ na),既可以是分配给皇室家族成员的属地,似乎更可能是对白兰王恰那多吉享有多年特殊地位的封赠。这一封号接着发生变化,而且后来本钦被称为"dhiṅ zam lu son wi pi（原文如此,应为 si）du dben pa（原文如此,应为 sa）hu",也就是汉文"等(?)三路宣慰司都元帅府"的转写。意为为:三路设置的地区指挥官镇抚司及官员。这个新的封号,实际上只是在 1292 年封授的,它拥有一个六棱虎头纽银印。

所有这一切,似乎表明本钦就是宣慰司一个永久的当然成员,更奇怪的是,《元史》本纪有几条记载,特别提到这一天选派本钦为"乌思藏宣慰使",这可能暗示,这样一种任命是一个例外的措施。在现在来解决这一问题似乎是困难的。

本钦的标准的名单,是由我们所掌握的、带有少量差别的四种早期史料提供的:《红史 - 1》(HD - 1),第 24 页 b 面 - 25 页 a 面;《汉藏史集》(GBYT) Ⅱ,第 39 页 a 面至 43 页 a 面;BA 函,第 216 - 217 页;《新红史》(DMS),第 185 - 188 页。第一种、第三种和第四种文献实际上是相同的,第二种文献稍有不同,而且报导的内容丰富。这份名单的顺序,如果与其他的证据加以对证的话,并不是完全无可置疑的。除此之外,倘若不能从其他文献中获得有关他们的间接情况,而主要依靠《朗氏宗谱》(LANG)所提供的虽然丰富但有些混乱的资料,大部分本钦留给我们的只是名字,年代上模糊不清,常常只是猜测。

在我们所涉及时代的第二个部分,也就是在 14 世纪中,本钦在其就任之前,按惯例要在宣政院任职一段时期,这就暗示着当他在萨迦担

〔1〕HD - 1,第 24 页 b 面;BA,第 216 页。GBYT,第 2 卷第 39 页 b 面,有一个"三路军万户"(zam-glu-gun-jin[应该是 min——引者]-dben-hu){见 GBYT,第 1 卷第 184 页 a 面:路军民万户(klu-gun-jin[min]-dben-hu)}省略并有部分错误的形式,"万户"(dben-hu)大概是区域统帅机构"元帅府"的省称。

任职务时,他完全熟悉最高当权者施政方法和愿望。这是一项惯例还是一个正式规章,我们还难下断论。当然,这一点有助于按照他的特点在代表萨迦与西藏利益方面将其塑造成为皇帝的监察官那样的角色。从另一方面来看,这一惯例给我们带来了严重混乱的史料,正如有时很难区分"本钦"即"宣政院的院使"和"萨迦本钦"。如果我们考虑到有人提前使用这一名号(也就是在任命之前),以及在解职之后作为优待的一种形式继续使用本钦这一封号,那么,可以想见,在阅读这一时期的文献时,每时每刻都会突然冒出什么样的小问题!

除了本钦之外,我们还知道有一个萨迦寺议会。在《夏鲁文书》(ŽL)第九件中提到该议会议员,而且在《朗氏宗谱》(LANG)中屡次出现。尽管如此,依然不清楚在有本钦的情况下,他们的职务和地位怎样。他们与宣慰司的成员完全不同,他们握有从住持那里获得的权力,并且被授权委任高级别的职位。[1] 好像这一状况产生在这一时期之末,当时帝师的权力衰微,而昆氏家族分裂为四个支系,住持的权力实际上已被解除。

3.5 人口普查

在中部西藏的蒙古行政机关的组织,是在恰那多吉去世和科尔开达(K'er-k'e-ta)远征之后,于1268—1269年建立起来的。蒙古人在新获得地区遵循通常的传统做法,已形成一种良好的模式。第一步总是人口普查。在13世纪50或60年代的某个未特别指明的日期,在河州地区(Ga-c'u Rab-k'a)就进行过一次小型的普查,其目的是把属于囊索(naṅ so?)的土地和带有汉族及藏族农奴的地产授予八思巴。[2]但是,西藏基本的人口普查是在1268年完成的,而且,为了达到这一目的,新的主人主要依赖本钦释迦桑布的威望和经验。这次普查(dud

---

〔1〕例如,在1348年雅桑万户长去世时,他的儿子楚本沃(Ts'ul-'bum-'od)由萨迦"宰辅"(gros pa)和宣慰使任命为万户长(dpon c'en)。LANG,第356页。

〔2〕GBYT,第1卷第168页b面。

grańs rtsis)是由两组藏族官员来落实的,一组由皇帝的金字使者(gser yig pa)阿衮(A-kon)和明灵(Miń-gliń)率领,而另一组由司徒阿吉(Su t'u A-skyid)来领导,本钦通力协助这两组的工作。第一组负责从阿里(Na'-ris)到夏鲁,也就是藏地区的任务,而第二组承担从夏鲁到止贡,也就是乌思地区的任务[1] 这样,人口普查的覆盖面就包括了中部西藏的大部分和西部西藏的一部分地区。自然,康区和安多就被置于普查官员的工作范围之外。

普查操作的基本单位,在这里如同在蒙古帝国的各个地方一样,是以一个家庭为单位的[2] 它叫做"霍尔都"(hor dud),字面意思是"蒙古烟囱",依照蒙古人的原则,表示带有火灶的一个住宅或一家人。组成一个霍尔都的必要部分如下:"至少有五根柱子(应为六根柱子——译者)支撑着屋顶的房子(k'ań sa);一块足够播撒十二蒲式耳(k'al,约 36 斤)蒙古种子(hor son)的狭长土地;丈夫、妻子、儿子、女儿和男女仆人,共计六人;三头耕地的阉牛,两只山羊和四只绵羊。"显然,这种单位[3]是指一户中等农民家庭,他们耕种政府的土地或者自己的土地。它包括了农业的人口要素,而忽视了西藏社会的其他成分,即游荡的牧民。

史料里反映蒙古军队和居民时常用的十进制模式结构,以相当严密、纯理论性的构想提供了一份霍尔都倍数表:五十个霍尔都组成一个达果(马头,rta mgo),两个达果组成一个百户(brgya skor),十个百户组成一个千户(stoń skor),十个千户组成一个万户(k'ri skor),十个万户组成一个路(glu,或 klu,汉文的"路"),十个路组成一个省(žiń)。虽然藏区的三区喀不足一个行省的建制规模,由于考虑到国家宗教方面的情况,忽必烈仁慈地特许以行省的资格[4] 当然,显而易见,这一美妙

---

[1]GBYT,第 1 卷第 208 页 b 面至 209 页 a 面,216 页 a 面,和第 2 卷第 169 页 b 面。

[2]参阅 Allsen,第 119 – 120 页。

[3]GBYT 也在简单的 dud 和 rtsa ba'i dud 中作了区分,至于这一区分的意义还不清楚。

[4]GBYT,第 1 卷第 193 页 b 面至 194 页 a 面,SKDR,第 65 页 b 面至 66 页 a 面给出同样的名单,附加了一个大的霍尔堆(dud-c'en)中有 25 个小的霍尔堆(dud-c'un),一个"达果"(马头,rta mgo)包含有两个大的霍尔堆等等。

的对称性结构,与现实中的事实并不符合,正如我们下文将要看到的那样,一个达果包含的户数实际上远少于五十户。千户组成万户的关系差别更大,但通常是不足十个单位。在中部西藏的三路中,有十三个万户而不是三十个万户,而且从来就不存在"十路"组成一个"行省"的规定,也没有发现什么有关忽必烈把西藏作为一个行省的法令之痕迹。

另一个纯理论上的规定,是每个万户内包括 6000 个寺院和神殿农奴(拉德,lha sde)和 4000 个贵族家庭农奴(弥德,mi sde)。[1] 这种划分存在过,但是这两个数字,既没有事实上的必要性,也没有现实的功用。

关于这次人口普查的详细人户数目,我们将在下文 3.7 中列出,在这里,给出霍尔都的总数目就足够了:藏地和纳里速(阿里)15690 户,乌思地区 30763 户,位于乌思和藏地之间的雅卓(Yar-'brog)万户是750 户。我们的史料宣称,这些人口资料是来自本钦释迦桑布所提供的文献记录账册。全部的总和是 37203 个霍尔都,它意味着依据这次人口普查,中部和西部西藏的人口大约有 223000 人。由于它不仅排除了牧民,而且也排除了在某个季节躲过点查和登记的农民及商人,这个数字就比实际情况少。然而,它与几乎以同样的方式登记的元朝时期中国本来的人口相比,也不是不合理的,显示当时全国大约有 5500 万的纳税者,而总人口大约有 12500 万。[2]

3.6　征税

在西藏和在汉地一样,人口普查之所以最为重要是基于这样一个事实:即家庭名册为整个地区的行政与财政体系提供了赖以依存的基础。从这份名册开始,在帝国全境实施有效的统一政策。蒙古人分配给作为庶民的西藏百姓的三项主要任务是:当兵、纳贡和服劳役(玛差

---

〔1〕GBYT,第 1 卷第 193 页 b 面。
〔2〕Bielenstein,第 82 - 85 页。

勒松,dmag k'ral las gsum)。[1] 然而,关于这些职责实施情况的资料,是极度缺乏的。[2]

(1)总体上说,征召民兵服役的情况极少,史料只留下两条记载:一次是在 1290 年。当时,本钦阿加仑集合民兵出征攻击止贡寺。另一次是在 1347 年。当时的本钦旺尊,把民兵或者一部分民兵动员起来,阻击绛曲坚赞的进攻,但是在他的进攻下本钦的民兵彻底失败。"k'rims dmag"(军法)一词,是否在后来被用作民兵组织的正式称谓,我们还难下断论。从那些稀少的材料中,只有一种可能性的推断就是:中部西藏的民兵组织是由本钦号召并指挥的,而且,它是由每一个万户提供人员而建立的,所提供兵员数目与其霍尔都[3]的数目成一定的比例。

(2)藏文 k'al(克)与蒙古文 qalan(哈阑,人丁)相对应,是应向帝国政府交纳的农业税。就我们所知,它好像是由农产品什一税(bcu k'a),也就是农产品的百分之十的税额构成的,但是,此税的真正依据,尚不清楚,而且,什一税这个词,仅仅在两个地方惹弄人地简短提到过。[4] 我们可以推测它是以实物交纳的。从某些零散的资料中我们推断其经济价值,也就是一个万户的财政类别,经常是用麦子的计量单位蒲式耳(k'al)一词来表示的。[5]

(3)为帝国政府承担强制性的劳役,是限定在每个万户特定的名册中登记的家庭,而且被指定为各种不同的驿站服务(蒙古文作 ulaga,乌拉合),关于这一点参阅下文。对万户长法定性的徭役,好像目的主要用于建筑房屋(mk'ar las),也就是为了建造或者修补堡垒要塞、神

---

〔1〕这是官方文书中经常使用的一个标准规则。参阅舒 1977 年,第 106 页(正文:49 行),第 119 页(正文:40 行),第 126 页(正文:6 行);舒 1981 年,第 341 页(正文:6 行)等等。

〔2〕关于萨迦和帕木竹巴时期征税情况的基本的叙述,可以在 TPS 第 36 页看到。尽管如此,详细的情节,主要来自江孜统治者在 1440 年公布的长篇布告,TPS 第 745 - 746 页刊载了此布告。它们被认为是属于时间靠后,而且政治势力不同的东西,我认为有关萨迦时期使用这些资料不恰当。

〔3〕藏族的万户府和蒙古族的 tümen("万")不一样,并不主要是一个军事单位。霍尔都包含的是人口统计学和财政单位,将其视为 k'ri skor 补充的后备士兵数量(也见 Allsen,193 - 194 页)仅仅是一种假设,藏文并无记载。后者从未说过每个霍尔都必须提供一个民兵。

〔4〕LANG,第 333 页,第 348 页。

〔5〕LANG,第 531 - 532 页。

47

殿、寺院,以及纪念已故大喇嘛的肉身佛塔(古崩,sku'bum)一类的宗教纪念塔等。

3.7 万户(k'ri skor)

k'ri sde(万人部)这个词(与 k'ri skor 相同)和 k'ri dpon(万人长)一词,在君主政体时期(指吐蕃王朝时期——译者)是并不陌生的。它们出自中亚的 8 世纪至 9 世纪的文献[1],而且似乎只在中亚的属地使用,在西藏本土并不使用。

元朝时期的 k'ri skor,其来源很不相同,它是一个由蒙古人引进的新词。蒙古的土绵(tümen)这个头衔,万户长,最初是称呼最大的军事单位和最高级的军事官员,当忽必烈把它融入他的中原封地的行政机构时,赋予了大为不同的内容。"土绵"(tümen),汉文称"万户",变成了一个中级的内政与军事官员。当他的任务特别重要时,他是行政机构(万户府)拥有大批人马的首脑。在初期,他管理一个地区(路),后来变成为路一级行政机关的一名低级官员,或者被安排主管次一级机构(县)。然而,他实质上始终是一名军事官员。

我们无意去探究 k'ri skor(万户)什么时候被介绍到西藏。依据通常的传统说法,当 1253 年八思巴向忽必烈传授佛法基础时,该王子把中部西藏的十三个万户赠送给八思巴。[2] 这自然是一种传说,因为任何王子当时都无权作出如此封赏。依据已知的事实,当 1251 年封地系统被引入西藏时,k'ri skor(万户)一词仍未出现,而且我们也没有根据说,每个王子在他的西藏封地上是确实的主人。[3] 万户制的最后建立日期,较可接受的是 1268 年,然而,关于这个问题还没有文献提过。

如同《新红史》(DMS)和《朗氏宗谱》(LANG)各节所示,k'ri dpon

---

〔1〕F. W. 托玛斯(Thomas),《有关中国土尔其斯坦的文献与档案》,Ⅱ,伦敦,1951 年版,第 30、121 页。

〔2〕一个稍有歧异的解释见于 GBYT 第 1 卷第 198 页 b 面至 199 页 a 面。多少接近随后的《乃宁颂》(Eulogy of gNas-miǹ)。

〔3〕LANG,第 232 页。

（万户长）的名号和权力的获得，全部来自帝国政府所颁布的委任文书，例如，在1322年绛曲坚赞被委任为帕木竹巴的万户长，是通过喇嘛（也即帝师贡噶罗追坚赞，Kun-dga'-blo-gros-rgyal-mts'an，后来在萨迦。《元史》作公哥罗古罗思监藏）的一份法旨（噶雪，bka'śog）和宣政院的分支机构的首脑（hun dben śa，汉文作"分院使"）的一道文书（bca'hu，汉文作"劄付"，cha-fu）任命的。只有公开宣布任命书（sgrags pa）并完成一项谢恩（li śaň）仪式后，委任才有效，此时，新的政府任职者才可以行使他的职权。[1]

　　按传统的说法，十三万户的数目是被奉献的，但是，在若干资料中，它们的名单存在着不同说法。它们中的大部分在很早以前已由图齐（G Tucci）条列出来。[2] 我们现在可以增补在《汉藏史集》（GBYT）第2卷第214页a面至215页b面中发现的一个，它是后来由隆多喇嘛（Kloň-rdol Bla-ma）抄写下来的。比较这些名单没有多大用处，在我们早期的资料中，直接从各个万户的事迹开始，在方法上好像更有把握些。

　　万户通常划分为两组：六个位于藏地和纳里速，六个位于乌思地区，另一个位于乌思和藏的交界地区。1268年的人口普查，正如由阿衮和明灵在藏地，阿吉在乌思拟定的官方记载里确定的那样，给每个万户派定一定数量的人口单位（霍尔都）。[3] 汉文文献也提供了一份乌思藏万户管区的名单[4]，它的大部分和k'ri skor（万户）的藏文名称一致。但是其中一些，在藏文文献中也没有记载，或者给出帝国政府希望提高一些小单位的地位的证据。这些小单位藏人并不认为是万户，但在战略上对蒙古人很重要。全部的万户都能在现在的地图上确定其区域。[5]

---

　　〔1〕LANG，第289－290页。

　　〔2〕TPS，第691页。

　　〔3〕GBYT，第1卷第216页a面。

　　〔4〕YS，第87卷第2198－2200页。

　　〔5〕当时，没有其他的参考资料可以利用，依据费拉丽（Ferrari）的研究证为同一。

·欧·亚·历·史·文·化·文·库·

在藏地和纳里速(阿里)

A,B,C.——纳里速古鲁孙(mNa'ris sKor-gsum),三个万户(三围),是古格(Gu-ge),普兰(Pu-ran)和芒域(Maṅ-yul)。尽管在名册上把它们算作三个单位,但是,它们很少被分开提及而是被作为一个整体来看待。实际上,那些广阔却又罕有人居的地区可以分为两个部分。往西部,玛那萨若瓦尔(Manasarovar)湖周围地区,以及在萨特累季(Satlej)河上游盆地,是拥有普兰自主领地的古格王国,它事实上是独立的,而且帝国势力的痕迹也仅仅是延伸到那些地区的驿站系统及其驿站。[1]在阿里东部地区,有时称作下阿里(mNa'ris sMad),在雅鲁藏布江(gTsaṅ-po)上游盆地,元—萨迦封建领主的权力是很好被证实的。有些地区的范围是不可能界定的,最初属于旭烈兀的封地,却很早就转归萨迦手里,关于这种情况,我们将在下文叙述。阿里东部的大部分,包括它的首府阿里宗卡(mNa'ris rDzoṅ-k'a 或 lJoṅ-dga')在内的地区,是由拥有巨大自主权的芒域贡塘(Man-yul Gun-t'aṅ)小公国来管理的。它与萨迦保持着良好的关系,而且与昆氏家族的关系通过婚姻联盟而得以巩固。[2] 依据我们的文献,阿里三个万户总共有 2635 个霍尔都,"再加上另外 767 个由古代国王传下来的、隶属于领主(mña'bdag)的霍尔都"。"mña'bdag"是贡塘统治者的正式名号,而这一点妨碍了我们把它与古格国王区分开来。该王的称号是"法王"(却杰,c'os rje),后来是觉沃达布(jo bo bdag-po)。对于蒙古统治者来说,阿里三围(纳里速古鲁孙,mNa'ris sKor-gsum)是一个单独的军事区域,设置有两位区域元帅来控制。

---

〔1〕在这一时期,古格成为地方首领,很不同并独立于雅孜(Ya-ts'e)王国;后者在 LANG 和别的文献中,是在它自己的名下被提到的。关于 13 和 14 世纪西藏西部地区的局势,参阅伯戴克 1980 年 c。

〔2〕芒域(Maṅ-yul)是经常和玛域(Mar-yul),也就是拉达克相混淆。但是,在这里自然没有发生这种情况。依据 GBYT 的名单,在元朝时期,芒域由喜马拉雅山的三条河谷:洛沃(Blo-bo)、多布(dol-po)和琼噶(lJoṅs-dga')组成。尽管杰克逊(Jackson)1976 年,第 44－47 页和杰克逊 1984 年文中各处做了非常有价值的工作,西藏古老王国的这一碎片的历史,仍然有待于书写。它一直存在到 1620 年被藏巴(gTsaṅ-pa)统治者侵略和吞并为止。

D.——北拉堆(拉堆绛,La-stod Byaṅ)由藏地西部的大部分组成,而且是绛(Byaṅ)家族的世袭采邑。在这一时期之末,在 1350 年之后,它的中心治所是绛昂仁(Byaṅ Ṅam-riṅ)寺。[1] 这一采邑与南拉堆(拉堆洛,La-stod Lho)毗邻相连,其首府为协噶宗(Śel-dkar rdzoṅ),统治这里的家族中曾有两人担任过萨迦政府本钦。[2] 这两个联合的万户共计有 2250 个霍尔都,寺属农奴(拉德,lha sde)不包括在内,其中 1089 个霍尔都属于北拉堆,汉文名单中未出现这两个联合的万户。

E.——曲弥(《元史》作出密,C'u-mig),该名称的寺院现在位于一个不显眼的小寺庙所在的空旷地方,在那塘(sNar-t'aṅ)的西南部。[3] 该万户包含 3303 个霍尔都,划分为 4 个千户。汉文名单中包括有曲弥万户。这个地方曾是 1277 年宗教大法会的场所,是萨迦细托拉章(bŽi-t'og)一支的私人属地。它的所有权和定期收入归他们自己,甚至在转归绛曲坚赞管下时亦如此,后者在那里委派了一位管家,并使之成为重要的政治会议的一个理想场所。[4]

F.——夏鲁(《元史》作沙鲁,Ža-lu),在娘曲(Ṅaṅ-c'u)河谷。由于它的领主家族(杰氏,lCe)与萨迦多次联姻,夏鲁万户长通常被称为"古尚"(母舅,sku žaṅ)。[5] 该万户包含有 3892 个霍尔都,并且划分为四个千户。汉文文献称其为"沙鲁田地里管民万户"。元代时期的一些文书中,只保存下这一个万户的文书。在 14 世纪,它的寺院作为大学者布顿仁钦珠(即布顿,Bu-ston Rin-c'en-grub)的活动中心而闻名。

在《汉藏史集》中,也包含有另一份名单的痕迹,它与《乃宁(gNas-r

---

〔1〕拉堆绛的首领们出自木雅(Mi-nag),也就是唐古特王国。一部特别的著作"绛"(《BYNG》)提供了他们的家谱世系。在 DMS,第 191 – 192 页和 HT5D,第 65 页 b 面至 67 页 a 面(= TPS,第 631 – 632 页),用好几段来记述他们。

〔2〕LANG,第 791 – 792 页。

〔3〕关于曲弥,好像没有什么特别的现存资料。关于它自身的位置,参阅 IT,IV/1,第 59 – 60 页和 TPS,第 683 页注释第 65 条。

〔4〕在 14 世纪,曲弥属于丹萨钦布克尊(gdan-sa-c'en-po mK'as-btsun),后者将它传给他的儿子贡噶仁钦。参阅 LANG,第 611 页,第 617 – 618 页,第 677 页和 BRNT,第 104 页 b 面,也可参阅 KDNT,第 27 页 b 面。

〔5〕GBYT,第 2 卷第 153 页 b 面和 KDNT,第 27 页 b 面。

Ñiṅ)颂德文》中名单相同。把纳里速古鲁孙（阿里三围）算作一个万户，南、北拉堆，曲（弥）和夏（鲁）是四个万户，札（sBra）、贝尔（Ber）和琼（K'yun）一起构成一个万户。[1] 最后这三个名称在圣徒传记原文中找到相应的部分，依据该文献，白利（Be-ri），僧（Ziṅ）和琼（K'yuṅ）担当施主。[2] 贝尔（Ber）或白利（Be-ri），是萨迦班智达时代的贝尔利（Ber-ri），或者必里（Bi-ri）。但是，这一联合万户的名称没有给出，它的三个部分的位置也没有确定。

并非藏地和纳里速的所有人口都包括在六个万户之中，我们的文献继续提供了一份雄巴（gŽuṅ-pa?）教区农奴的名单如下[3]：

地点	霍尔都数目
芒噶瓦（Maṅ-mk'ar-ba）、折钦（Dril-c'en）	120
藏巴（gTsaṅ-pa）	87
波董日色（Bo-doṅ Ri-seb）	77
多贝玛瓦齐（mDo-spe dmar-ba c'ig）	125
仲隆热萨卡岗巴（Grom-luṅ Ra-sa k'a-sgaṅ-pa）	75（根本）
觉卧赤沃（Jo-bo'i k'ri-'og）	35
热萨囊噶（Ra-sa snaṅ-kar）	30
玛拉塘巴（Mar-la-t'aṅ-pa）	10

总之，这些数目的总和是确定的，为 606 个霍尔都。实际上，它只有 559 个。因此，或者有一项被漏掉，或者这仅仅是《汉藏史集》作者易犯的一些算术异常之一。

这份文献接着说："当时商人（原文作'las sgo'［物品出产地]）霍尔都有 131 个。此外，还有其他未包括在万户之中的世俗和寺院农奴，

---

〔1〕夏鲁世系，见 TPS，第 659 页。

〔2〕桑结雅群(1203—1272 年)传记，见 CBYT，第 78 页 a 面。

〔3〕GBYT，第 1 卷，第 214 页 b 面至 215 页 a 面。

即：

地点	霍尔都数目
如仓（Ru-'ts'ams）	360
甲瓦（Gya-ba）	150
唐察（T'aṅ-ts'a）	150（根本）
春堆（Ts'on-'dus）	140

萨迦管家（naṅ-pa）的私人财产（？dge-ru）[1]，包括牧场、土地和佣人。（在）南、北拉堆万户和萨迦万户中……[2]总计这些，共有330个霍尔都。格如洛董（dge-ru Lho-gdoṅ）有40个，而查擦阿赞（Bra-ts'a a-btsan）有46个，（其最后的总数是）3630个。这些不包括在万户中。"

这一数字是怎么统计出来的令人难以理解，而且，我怀疑我们面对的是止贡派后来创造的同一数字加倍的结果。更糟的是，我们这里有一串当地名称和专有名词，它现在可以使任何合情合理解释的企图都落空。更具讽刺意味的是，这份文献存在明显的转述上的错误，其标题是"阐明乌思和藏词语明灯"。

在乌思

G.——止贡（'Bri-guṅ），同名教派的道场，至1290年领导了反对萨迦派的斗争，并且大约在1350年试图阻止帕木竹巴的崛起。[3] 他们的总部是止贡替寺。止贡通常不是一个万户的专门名称，而是一个在堪布名义之下，由一名称作贡巴（sgom-pa）的行政长官来掌管的。它

---

〔1〕"格如"（dge-ru）这一含糊的术语（我的译文仅仅是猜测的）也出现在 LANG，第496页："雅卓格如"（Ya-'brog-dge-ru）。

〔2〕Ko-dre-gro-c'uṅ-gyas-ru-daṅ/ daṅ-ra-daṅ-ni-'dar-mi-ñeg.，我未能获得这含糊的一节的含义。

〔3〕止贡是在1179年由止贡却杰（法王）创建或者恢复的。参阅 BA，第566－610页；DMS，第195－201页；HT5D，第63页 b 面至65页 b 面（= TPS，第630－631页）。

·欧·亚·历·史·文·化·文·库·

包括有 3630 个霍尔都, 农牧 (博卓, bod 'brog) 各占一半。尽管语音上的对应非常含糊, 它可能与汉文名单中的"迷儿军"相同[1], 在行政上是重要的万户, 由达鲁花赤来掌管。除了万户之外, 它的下属有两个: 初厚江八千户和卜儿八官。

H. ——蔡巴(《元史》作搽里八, 'Ts'al-pa 或 mTs'al-pa) 是一个特殊教派的所在地。[2] 它的中心是位于拉萨东郊吉曲(sKyid-c'u) 左岸的蔡贡塘('Ts'al-Guṅ-t'aṅ)寺。它的万户长控制着一个包括拉萨市, 含有 3702 个霍尔都的广大地区, 汉文拼写作"搽里八", 它有一个"田地里管民万户"。

I. ——帕木竹巴(P'ag-mo-gru), 它的宗教中心(最初与止贡密切联合在一起)是位于雅鲁藏布江北岸的丹萨替寺(gDan-sa mT'il 或 gDan-sa T'el), 当时万户长的治所是在下雅隆河谷的乃东(内邬栋, sN̄e'u-gdoṅ, 很久以前被毁坏)。它是旭烈兀封地的中心及其代理人(守土官, yul bsruṅs)的官邸。最初, 封地包括西部的阿里(纳里速)的部分地区, 以及东部和东南部的聂(gN̄al)、洛若(Lo-ro)、恰尔(Byar)、叶(g-Ye)等地, 所有这些领地都在 13 世纪丧失了。从 1322 年起, 绛曲坚赞接任万户长, 他恢复了他的家族朗氏的家业, 并且成为中部西藏的统治者。[3] 这个万户包括有 2438 个霍尔都。汉文文献将该万户的名字翻译为"伯木古鲁"。

琼结('P'yoṅ-rgyas)河谷的唐波且(T'aṅ-po-c'e)是大约在 1300 年[4]左右脱离帕木竹巴的属地之一, 它只有 150 个霍尔都。尽管如此, 它对蒙古人来说, 是具有某种重要地位的。汉文史料记载为"汤卜赤八", 它有 4 个千户长(千户, 藏文作 sToṅ-dpon), 但没有万户。

---

〔1〕这个证为同一的说法是由韩, 第 2 卷第 265 - 266 页首先提出的。

〔2〕关于蔡巴寺院和教派, 参阅 HD - 2, 第 126 - 149 页;BA, 第 716 - 717 页;DMS, 第 194 页;HT5D, 第 61 页 b 面至 63 页 b 面(= TPS, 第 629 - 630 页)。

〔3〕关于帕木竹巴, 参阅 GBYT, 第 2 卷第 169 页 b 面;BA, 第 542 - 595 页;DMS, 第 203 - 204 页;HT5D, 第 67 页 a 面至 90 页 a 面(= TPS, 第 632 - 641 页)。关于绛曲坚赞之后帕木竹巴的研究, 参阅 Sato(佐藤)1986 年, 第 89 - 171 页, 主要依据 TPS。

〔4〕LANG, 第 234 页。

J. ——雅桑(g. Ya'-bzaṅs)。雅桑寺院未能定位,但是,好像位于聂地(gÑal)附近或周围地区。[1] 最初,它仅仅是帕木竹巴治下的一个千户。后来,忽必烈的一道命令使之从旭烈兀的封地中脱离出来,并将聂地的一些土地赐给它的管家。这块小的土地后来扩大到包括聂地全部及其他地区,于是,在藏文名单中雅桑就作为一个拥有 3000 个霍尔都的万户的名称。它的万户长是帕木竹巴的主要对手,而他们的瓦解便预示着绛曲坚赞在乌思统治的确定。[2] 帝国政府特别重视这个万户,万户府(wan-hu fu)由一名达鲁花赤,一名万户、一名千户和一名驿站巡查官(担里脱脱禾孙)来掌管。

K. ——甲玛(《元史》作加麻瓦,rGya-ma),它的中心在拉萨东部的甲玛仁钦岗(rGya-ma Rin-c'en-sgaṅ)寺院。[3] 甲玛通常和同一地区的嘉玉(Bya-yul)联合在一起[4],由达那(sTag-sna)家族来统治,这个联合的万户人口最多,有 5850 个霍尔都。不过,它却扮演着一个被遗忘的角色。汉文分别列出一个"加麻瓦"(rGya-ma-ba)万户和一个札由瓦(Bya-yul-ba)万户,尽管在 1350 年嘉玉仅仅是一个千户。[5]

L. ——达隆(sTag-luṅ)展示了一个特殊的事例,它是同名教派的所在地,位于拉萨西部的达隆河谷。[6] 它只包含有 500 个霍尔都,而且明确地说明它的领主绝对不持有万户长的名号。[7] 好像《汉藏史集》还将它包括在万户的名单之中,而且汉文资料也把"思答笼刺"作

〔1〕雅桑寺(g. Ya'-bzaṅs 或者 g. Yam-bzaṅs),是在 1206 年由法王门朗巴(C'os-rje Mon-lam-pa,1169—1233 年)创建的。其堪布系统,见 BA,第 652 – 659 页,参阅 DMS,第 193 – 194 页,KPGT,第 414 页。

〔2〕LANG,第 244 页,第 247 – 249 页。

〔3〕甲玛寺(rGya-ma)是由杰贡(sGyer-sgom,1090—1171 年)创建的,见 HD – 1,第 28 页 a面;DMS,第 194 – 195 页;KPGT,第 333 页。其堪布系统,见于 BA,第 286 – 305 页。

〔4〕嘉玉寺(Bya-yul)由嘉玉瓦(Bya-yul-ba,1076—1138 年)创建,在 1285 年遭到止贡人的破坏。但是,在 1291 年止贡被打败之后得以重建。参阅 HD – 1,第 28 页 a 面;KPGT,第 334 – 335 页。堪布的名单见于 BA,第 311 – 317 页。

〔5〕LANG,第 652 页。

〔6〕达隆寺(sTag-luṅ)是在 1180 年由扎西贝(bKra-śis-dpal,1142—1210 年)创建的,在我们所讨论的这一时期,它始终和萨迦密切地联系在一起,参阅 DMS,第 201 – 202 页。它的堪布系统,见 BA,第 610 – 652 页。

〔7〕DMS,第 201 页。

为一个万户。这一个万户(假如它是一个万户的话)实际并未发挥什么作用。

《汉藏史集》又一次增加一份乌思地区的、与任何万户无关的小领地名单,它们是:

地点	霍尔都数目
桑耶浦达(bsam-yas P'u-mda')	62
秦浦瓦('C'ing-p'u-ba)	8
多浦达(rDo'i P'u-mda)	70
贡噶瓦(dGuṅ-mk'ar-ba)、章巴('P'raṅ-pa)	70(根本大户)[1]
属于寺属农奴的拉巴(Lha-pa)	600(大霍尔都)
此外,包括在藏拉雅堆巴(gTsaṅ-la-yar-gtogs-pa)的 朱古岗(Gru-gu-sgaṅ)[2]	232
卡热巴(K'a-rag-pa)	88
绕尊巴(Rab-btsun-pa)	90
珠巴('Brug-pa)[3]	225
唐波且巴(T'aṅ-po-c'e-pa)	150

在乌思和藏的交界地区

M.——雅卓(更确切地应拼写为 Yar-'brog),在羊卓湖(Yamdrok-

---

〔1〕如上所述,"杂瓦"(rtsa-ba)含义仍然不明,尽管 SKDR 有解释(见上文),在这一例证中,一个"堆钦"(dud-c'en)大概不能和 25 个小的霍尔堆(堆琼,dud-c'uṅ)相对应。

〔2〕"藏拉雅堆"(gTsaṅ-la-yar-gtogs)(字面上:"它是指雅鲁藏布江渡口的上游"),在 LANG 中是一个极为常见的地理名词,但是,事实上,在别处尚未见到。我不能确定它的含义。

〔3〕后来,知名而具影响的"珠巴派"('Brug-pa)的好运在这一时期之后开始。我们还要谈到妥懽帖睦尔以珠热隆('Brug-Ra-luṅ)的却杰僧格杰波(C'os-rje Seṅ-ge-rgyal-po,1289—1326 年)作为他的亲教师,并赐给他 1900 个(!)霍尔堆。同一语调,说他的儿子贡噶僧格(1314—1347 年)从皇帝也孙铁木儿和(王子)铁木而不花那里接受了赠礼,PMKP,第 304 页 a 面。两份陈述在年代上是不可能存在的。

tso)或帕尔提湖(Palti)地区。最初,这一地区被分配给帕木竹巴寺院住持,用以支付丹萨替寺扎西沃巴(bKra-śis-'od-'bar)宗教典礼的烛光花费。在阿加仑反击止贡的远征之后,它被作为一个万户赐给了阿加仑所属的那噶孜(sNa-dkar-rtse)家族。[1] 古文献经常称它为 16 个蕾卜(leb bcu drug)的雅卓(Ya-'brog),这一术语的含义尚不清楚。它是一个只有 750 个霍尔都的小万户,而且在汉文名单中缺载。依据《汉藏史集》的记载,还有一个绛卓(Byan-'brog)万户,它是后来建立的,其与雅卓的关系尚不清楚。

偶然还会出现其他一些万户的名字,例如,古尔摩('Gur-mo)万户,仅仅是在《西藏王臣记》(HT5D)中被提到[2],香万户(Śaṅ)出现在《西藏王臣记》(HT5D)和《衮觉伦珠书》(DCBT)中,实际上,它是皇帝赐给本钦甲瓦桑布(rGyal-ba-bzaṅ-po)的封地。[3] 隆多喇嘛(Kloṅ-rdol)省去了香(Śaṅ)和古尔摩('Gur-mo),但又增加了绛卓(Byaṅ-'brog)。此外,《西藏王臣记》中出现了位于达隆地方的、不太重要的唐波且(汤卜赤)。

汉文名单中包含的一些名字,业已无法还原为藏文的原始形式,它们是:乌思藏田地里管民万户,它多半是一个同源异形或异义词,速儿麻加瓦田地里管民官,撒刺田地里管民官,以及瞥笼答刺万户,多半与藏文文献中的奥多(A'o-mdo)有关。[4]

依据上述资料,说明"十三万户"的概念是一个传统的,却有点儿浮动的数字,对此,不存在总体一致性的说法。当然,在元—萨迦体制存在的一百年时间里,万户也可能有改变。为了草拟一份可以接受的名单,我们必须注意到藏文文献(主要是《汉藏史集》),汉文资料,以及

〔1〕DMS,第 192 – 193 页。

〔2〕有几个古尔摩(Gur-mo,'Gur-mo,mGgur-mo),一个相当靠近夏鲁,现在仅有一小部分遗迹留下,IT,IV/1,70。图齐正确地指出一个万户所在地如此靠近夏鲁是不可能的。更可能的是,我们的古尔摩是出现在《汉藏史集》(Bod-rGya-ts'ig-mdzod-c'en-mo)中的那一个,成都,1985 年,它位于藏地南部的定结(gTiṅ-skyes)地区。在那里有一个寺院和教派,受蒙哥可汗保护,参见同上揭书第 11 页。

〔3〕关于这一次赠送,参阅下文。

〔4〕LANG,第 320 页、440 页、507 – 508 页。它离错那(mTs'o-sna)不远。

在万户中为承担驿站强制性徭役的霍尔都的分布所提供的证据。最可能的结果如下：

藏和纳里速	乌思	乌思和藏交界地区
古格（Gu-ge）	帕木竹巴（P'ag-mo-gru）	雅卓（Ya-'brog）
普兰（Pu-raṅ）	蔡巴（'Ts'al-pa）	
芒域贡塘（Maṅ-yul-guṅ-t'aṅ）	甲玛（rGya-ma）	
南、北拉堆（La-stod）	嘉玉（Bya-yul）	
曲弥（C'u-mig）	止贡（'Bri-guṅ）	
夏鲁（Ža-lu）	雅桑（g. Ya'-bzaṅ）	

这一份名单显示，真正重要的万户均位于乌思地区，而藏、纳里速的那些万户，或者纯粹是理论性的，或者紧密依赖于统治势力。这一点是可以料想的，既然藏地是萨迦所在的地区，于是，便不能允许更强大的封建领地继续存在在这里。当最高权力从萨迦转移到帕木竹巴手里时，也就意味着在同藏地的长期斗争中，乌思地方的一个胜利，正如藏巴的统治者在1565年的崛起，意味着权力由一端向另一端转移。

一个饶有兴味的问题是万户的起源。纳里速的三个万户是古老王国以及他们的地方统治者，或者从属于皇室家族的王子中分裂出来的支系。几乎所有保留下来的万户，都是有势力的佛教僧侣的教派在政治上的体现，堪布把权力交给行政长官（例如在止贡，贡巴在这里拥有同样的权力，像本钦在萨迦一样），或者因为寺院地产转入当地领主之手。这一点表明，蒙古和他们的被保护者萨迦，为了他们的目的，利用了本来存在的其他势力的宗教和（或者）政治权力中心，由此也避免了长时期的利益归属方面的激烈对抗。止贡派长期的对抗以及最终造反，表明这一目标并不是总能达到。应当强调的是：通常情况下，住持

58

堪布既不关心,也不卷入到他们的万户的政治生活之中。

关于万户内部的行政机构,我们几乎一无所知,而极小的一点有用的情报,也只涉及帕木竹巴。是否可以将其推及其他万户,仍是一个争论未决的问题。

管家(gner pa)全面负责行政机构的日常工作。税收出现一些问题,最为严重的是很难把万户的税收和皇家的税收区别开来,假如完全存在这样一种区别的话。地方税收好像暗指普通术语" ' bab"或"babs"(帕,税收)。我们只有在一处遇到"nor k ' ral"这一术语[1],意思大概是对批发商和从事经营的商人所征收的赋税。

我们对萨迦势力没落时代万户的军事武装的了解,稍微要好一些。在他们的根据地,有当地的民兵,不过,只是没有多少军事价值的武装乡民。高一级的是由"bu rta"(布达)来表示的,该术语屡见于《朗氏宗谱》,并且零散地存在于其他文献之中。它的字面意思是"儿子—马",不管这一名字的来源怎么样,这种联系表明,它指一群与首领有特殊私人关系的战士(几乎肯定是骑手)。他们被作为突击队,在远征中使用,要求勇敢而又迅速。

处于更高一个级别的是"bza ' pa"(萨巴),意思有些类似于"餐桌同伴",此名字好像只见于《朗氏宗谱》。他们是特别受信赖的一批人,既作为贴身警卫,又作为重要据点的驻军使用。[2] 我推测,从广义上理解,他们很可能属于首领的氏族。[3] "bu rta"和"bza ' pa"两词,在元代以后消失。

3.8 驿站

驿站(蒙古文作 Ĵam,因于此,藏文是'jam)是通过其领土扩张由蒙

---

[1]LANG,第652页。

[2]例如,在1358年130名萨巴(bza'-pa),带领他们的随营人员总共200人,在萨迦被安排为拉康钦莫的守备队,当时,绛曲坚赞占领了那个行政机构的中心,LANG,第683页。

[3]关于"布达"(bu rta)和"萨巴"(bza'-pa),参阅我的待刊著作《藏文中的元朝官方术语》,此文即将于1989年下半在成田(日本)举行的国际藏学研究讨论会会刊中发表。

古传入,或者承认他们的宗主国的最初建置之一。[1] 它的萌芽可以追溯到成吉思汗本人。后来,它迅猛发展,从传统的蒙古根据地开始,并且主要接受了中国驿站所提供的先进成分。它代表着蒙古统治的中枢系统,因为它能够使在大都或上都的帝国政府获取及时而又准确的情报供应,并迅速发布适当的命令。

就藏族地区而言,最初建立驿站在蒙哥可汗时期,1253—1257 年,兀良合台(Uriangqdai)的军队远征姜域(lJaṅ,云南),下令在脱思麻(多麦,mDo-smad,安多,Amdo)建立了两个驿站,与先前存在于汉地的驿站连接起来。另外两个驿站设在多堆(mDo-stod,康区),在喀热(Ga-re)和郭贝(Go-be),它们对同乌思藏的交通联络是极为有益的。[2] 喀热(Ga-re)和郭贝(Go-be),显然与涉及 1292 年的一份汉文文献中,叫做"合里"和"忽必"的两个驿站相同。[3] 它们的相关位置的大体的看法是由第三世噶玛巴的旅行路线所提供的:他从索克桑(Sog-zam,关于此地参阅下文)抵达错拉麦巴(mTs'o-la-me-'bar)、喀热(Ga-re)、郭贝(Go-be),并穿过琼渡口(C'om pass),最后到达康区的噶玛(Karma)和拉登(Lha-steṅs)。[4]

乌思藏地区的驿站是在 1269 年建立的[5],当时忽必烈委派一名叫答失蛮(Das-sman,蒙古文作 Dašman)[6]的官员,依照汉地的方式从事组建驿站系统的工作,同时,宣布了蒙古在西藏的主权。答失蛮从帝国的国库中得到巨额财宝以供其活动之资,同时被任命为"根本本钦"(rtsa ba'i dpon ce'n),也就是宣政院的院使。[7] 文献指出,这是在西

---

〔1〕关于蒙古语"Ĵam",参阅 Kotwicz,1950 年。关于元朝驿站的一般情况,参阅 Olbricht 论文的各处。关于元朝西藏的驿站几乎没有发表什么文章。我只能引用 Roerich(罗列赫),第 48 页和 Shih,第 139 – 140 页的少量片段。

〔2〕GBYT,第 1 卷第 198 页 a 面。

〔3〕YS,第 17 卷第 369 页。

〔4〕KARMA,第 182 页 a 面;KPGT,第 489 – 490 页。

〔5〕这个日期是在 KPGT,第 796 页提供的。

〔6〕宣慰使答失蛮(Dašman)是娶"广平王"玉速贴木儿(或者作"玉昔贴木儿"——译者,1295 年去世)的女儿为妻的布日图(Büretü)的父亲。韩百诗 1954 年,第 148 页。

〔7〕其实,宣政院只是在 1288 年才得名的。

藏设置长驻朝廷官员的第一例。[1]

　　稍后的官员额济拉克(I-ji-lag),被派往西藏委任为有"同知"(t'oṅ ji)身份的驿站长官。[2] 这个人大概与官员"叶仙锦"(Ičilig)是同一个人,后者在1270年担任主管,与带木鳊(Tai-mu-te)一起,组建了云南及其邻接地区的驿站。[3] 他也就是弥钦额济拉克(mi c'en E-ji-lag),忽必烈正是通过他在13世纪80年代邀请著名学者和旅行家乌坚巴(U-rgyan-pa,1230—1309)到中国的。[4]

　　这条驿道(ʼjam-lam)从首都大都延伸到萨迦。[5] 其在西藏区间有三个枢纽点:在多麦(安多)的丹底拉康(Dan-tig-lha-k'an),多堆的错多桑珠(gTsom-mdo bSam-grub)和藏地的萨迦。[6] 从汉藏交界到萨迦的全部路程,分为27个[7]大站(ʼjam-c'en)和若干个小站(ʼjam-c'uṅ)。至于大站,有七个位于多堆,十一个位于乌思藏,在后者之中,有七个由乌思万户负责,它们是:

　　a)索(Sog),也就是索曲(Sog-c'u)的索县(Sog-rdzoṅ),在那曲(Nag-c'u)或萨尔温江(Salweeṅ)的左岸。它位于那雪(Nag-śod)地区,

---

　　〔1〕GBYT,第1卷第145页b面至146页b面,和第2卷第17页b面至18页a面。

　　〔2〕GBYT,第1卷第147页b面。

　　〔3〕《经世大典》,见于YLTT(《永乐大典》),第19427卷,4页a面。关于1331年编撰的条例与法令的官方会典《经世大典》这部书,参阅弗兰克1949年,第25-34页,和Schurmann(舒尔曼)1956年,第9-14页等等。这一部著作已经佚失,但是,有关帝国驿站的章节,保存在现存的巨型百科全书YLTT(《永乐大典》)的残缺的一章之中。

　　〔4〕KARMA,第88页b面。

　　〔5〕LANG,第338页。

　　〔6〕"丹底"(Dan-tig)是青海循化(或者化隆)之北黄河岸边的一座大山;BA,XⅧ,第65页;石泰安(Stein)1959年b,第208-209页。马尔康(sMar-k'ams)的错多(gTso-mdo),或者宗多(Tsom-mdo)或者宗多乃萨(Tsom-mdo gNas-gsar),是元朝一个十分重要的地点,八思巴在那里屡次逗留,并在那里写信撰文(第4号、119号、129号、154号和298号)。马尔康(sMar-k'ams)是玛曲(黄河)下游右岸的一个地区,位于东经101度30分,北纬32度30分。不能把它和更为熟知的芒康(中心是噶脱,sGar-t'og)相混淆,后者的纬度更朝南两度。

　　〔7〕或者根据《经世大典》,见于YLTT(《永乐大典》),第19421卷,第2页b面到3页a面,是28个驿站。依据同一文献,有7个小的驿站。

是现在地图上北纬 31 度 50 分、东经 93 度 40 分的索贡巴（Sok gompa）。[1]

b）夏克（Śag），它是位于或者靠近北纬 32 度、东经 92 度 30 分[2]，在夏曲（Śag-c'u）河上的夏克替（Śag-mt'il）。

c）孜巴（Rtsi-bar），在孜拉山（Rtsi-la）脚下的孜曲（Rtsi-c'u）河谷，现在地图上的则地（Dze）隘口，北纬 33 度 10 分、东经 95 度 15 分。

d）夏颇（Śa-p'o），文献中反复提到该地[3]，但是还难于落实其地位置。

e）贡（rKoṅ），这个也许是工布（rKoṅ-po）。

f）官萨（dGon-gsar），不清楚。

g）甲瓦（Gya-bar），出现在一份文献之中[4]，但还难于确定其地点。

剩下的四个大站是由藏地的万户负责的。在此，我们还有它们的名单，或者更准确地说是它们的蒙古文形式的汉译[5]：

a）达克（sTag，汉文作"亦思答"）。达克绛（sTag-'jam）是在位于绒（Roṅ）河谷尽头的仁蚌（Rin-spuṅs）。[6]

b）春堆（Ts'on-dus，汉文作"宋都思"），意思是"市场"，更是一个含糊的名词。这一地点也许是春堆古尔摩（Ts'on-dus mGur-mo），有人说是位于现在尼木县（sÑe-mo）的孔玛绛曲（K'oṅs-mar-rkyaṅ c'u）。[7]

---

[1]参阅佐藤 1978 年地图，注 3。噶玛让迥多吉在河上建了一座桥（sog-zam），而且，噶玛若贝多吉也穿行经过那个地点。噶玛（KARMA），第 107 页 a 面，第 137 页 a 面。

[2]参阅佐藤 1978 年地图，注 1。关于噶玛若贝多吉的一段，参阅 KARMA，第 136 页 b 面。

[3]BA，第 279 页；KARMA，第 112 页 a 面，第 137 页 a 面。

[4]BA，第 518 页。

[5]GBYT，第 1 卷第 147 页 b 面；《经世大典》，见于 YLTT（《永乐大典》），第 19421 卷，第 11 页 a 面。

[6]LANG，第 618 页。

[7]见于东噶洛桑赤烈，HD－2，第 458 页注释第 650 条。现在的行政机构术语"c'us"和"śan"，是汉文"区"和"省"的翻译。

c）达垅（Dar-luṅs，汉文作"答笼"）。今地不详。

d）仲达（Grom-mda'，汉文作"撒思加"）。仲达显然是第一任本钦释迦桑布的家乡，位于仲曲（Grom-c'u，Grum-c'u），是一个位于萨迦郊外的驿站房舍的名字。

一个驿站（'jams），同时也是一个驿传区的中心。[1] 各个大驿站通常都有一名叫做甲莫且（'ja'mo c'en，后来为'ja'dpon，蒙古文作'J̌amči 或 jamuči）的居于首领位置的长官[2]，汉文名之为"驿令"。不管他的责任有多么重大，以及在他指挥下的工作人员有多少，他却只有很低的、上九品的官级，他任期三年。小的驿站由一名汉文里称作"提领"的小官来管理[3]，驿站人员（'jam mo）由万户的世俗百姓（mi sde）来提供。他们的强迫性劳役（o ger ga'i u'lag，奥哥该乌拉，由蒙古文 egürge ulaga 翻译而来）是劳役租的一种形式。各个大的驿站估计有 120 匹马可以使用，但是，这个数目是难于保持的。[4]

这就提出了一个驿站区和万户的关系问题。在这个问题上提供情报的仅有的文献[5]，是以萨迦囊钦（naṅ c'en）和都元帅熏奴衮（gǮon-nu-mgon）[6]编撰的登记册（deb t'er）为依据的。

给藏地和纳里速的百姓摊派应驿任务的比率是：每一百人派一个人（?：'jams re mgo brgya；很令人怀疑）。与纳里速在一块的南、北拉堆人，是附属于萨迦或仲巴大站的；南部（?）的人附属于在玛拉塘（Mar-la-t'aṅ）的小站；纳里速的百姓附属于在夏喀（Zab-k'a）的小站；江仁（Gyam-riṅ s）的小站有时作为一个军站（蚌兰军站，spoṅ len dmag'

───────────────

〔1〕这一文献的近似翻译，在达斯（Das），第 95－98 页中，把"'jam"理解成一个行政管辖区，在这种情况下，使所有的问题都被混淆。

〔2〕"J̌amčin"这一称呼在夏鲁文书中反复出现。

〔3〕Olbricht，第 60－61 页。

〔4〕《经世大典》，见于 YLTT，第 19421 卷第 11 页 a 面。

〔5〕GBYT，第 1 卷第 216 页 b 面至 218 页 a 面。这一文献显然是错误百出并引起严重分歧的。

〔6〕都元帅熏奴衮不可能与在 LANG，第 292 页，第 344 页中两次提到的这个名字是同一个人。我们所能说的一切是，GBYT 的名单比绛曲坚赞的时代更早，也就是比 1322 年更早。

·欧·亚·历·史·文·化·文·库·

jams)；普兰（Pu-raṅ s）人附属于玛旁（Ma-p'aṅ）小站（玛旁雍错湖地区）；南、北古格（Gu-ge）两地单独一个小站，在梅朵色如（Me-tog-se-ru）应役（由谁？）。

在藏地曲弥的 3003 个霍尔都隶属于达垅大站，夏鲁的 3892 个霍尔都，减去甲若仓（Bya-rog-mt'aṅ）不到 832 户，合计为 3060 个霍尔都，隶属于春堆。雅卓的十六个蕾卜（Leb）和甲若仓二十八个达果（rta mgo）[1]，以及香地（Śaṅ）曲却（C'u-p'yogs）支系的十一个达果[2]隶属于达克大站。雅卓人隶属于雅斯（Yar-sribs）小站。

郭贝（Go-be，汉文作"忽必"）站的差役委托给止贡的 3000 个霍尔都。喀热（Ga-re，汉文作"合里"）驿站，由嘉玉的 2650 个霍尔都，外加蔡巴的（热杂特瓦，re rtsa t'e ba）350 个霍尔都，总计 3000 个霍尔都来支应。甲玛的 2650 个霍尔都，外加蔡巴素卡杂瓦（Zur-mk'ar rtsa ba ?）的 350 个霍尔都，共计 3000 个霍尔都，隶属于索克驿站。叫做萨达（?）的帕木竹巴的 2438 个霍尔都和达垅的 50 个霍尔都，外加拉巴的 60 个霍尔都，隶属于孜巴大站。[3] 在夏颇站，是由朱古岗（Gru-gu-sgaṅs）、卡热（K'a-rag）和珠（'Brug），以及扎玛塘（Gra-ma-t'aṅ）的 200 个霍尔都和来自沃卡（'Ol-k'a）的 4 个霍尔都保证供役的，这些人和那些隶属于寺院的农奴（lha rtags）一起支役。作为附属寺院的农奴之霍尔都，已经列举在上面（?：goṅ du cad）。其他的被称为萨达（sa st-ag ?）者，增补到藏拉雅堆（gTsaṅ-la-yar-gtogs），即增补给藏地。雅桑 3000 个根本（rtsa ba）霍尔都……（噶瓦，dga'ba）隶属于工布（rKoṅ po）驿站。

夏克（Śag）、官萨（dGon-gsar）和甲瓦（Gya-ba）的驿站，不包括在这一份名单之中，但是，至少夏克在登记的时候依然发挥着作用。

我们谈过，乌思地区驿站的早期机构，到后来没有用。这大概是由

---

〔1〕在这里，以及在别的地方，这个表中的"达果"（rta-mgo）不可能有他的理论上 50 个霍尔堆的意义。如果甲若仓（Bya-rog-ts'aṅ）的 832 个霍尔堆相当于 28 个"达果"，后者的等值应该接近 30 个霍尔堆。

〔2〕"C'u-p'yogs"（曲却）显然是靠近香河谷与雅鲁藏布江汇合的下游部分。

〔3〕这最后的叙述在 GBYT 第 2 卷第 169 页 b 面中得以确认。

于 1281 年桑哥的远征队到达乌思藏时,由他实施了彻底改革的缘故。北部地区的七个大驿站的差役,对于乌思人来说是如此繁重而难以忍受,以致他们纷纷逃跑。桑哥把那些大站的现行管理任务交给他的来自卫普尔(Ud-spur)和瓦惹克(sBa-rag?)的士兵们,乌思万户们继续承担提供驿站的食物、牲畜、饲料、衣服等物品的义务。这七个军站(玛绛,dmag-'jam)作为独立的实体,一直存在到 14 世纪 50 年代末,并且在文献中反复被提到。[1] 在前面一段,译自《汉藏史集》的名单代表的体制,存在于 1268—1281 年之间。

史料使我们能够尾随帝国驿站的存在,几乎直到元朝灭亡。它总是作为农民的一项沉重的负担,并因王子和访问西藏的其他高级官员的不合理的、过度的需求而加重。[2] 受压迫的另一个原因,是未持有法规规定的宣政院的文书(bca'rtse,汉文作"札子")者滥用驿站。[3] 帝国政府屡次赈济难民就不足为奇了。因此,桑哥在 1281 年也进行了大规模赈济。但是,早在 1292 年,乌思藏宣慰司就报告,在止贡之乱后两年,原先的驿站状况很糟,他们的职员已经无能为力和坐立不安。政府下令向乌思藏五个驿站各拨给 100 匹马、200 头牛(也就是牦牛)和500 只羊,并拨款补助 736 个军事霍尔都的全体人员,每户 150 两银子。[4] 几个月之后,皇帝命令中央秘书处(中书省)实施乌思藏驿传条例,向合里和忽必(噶热,Ga-ra 和郭贝,Go-pe)两个驿站提供马、牛和羊,以及总数为 9500 两的银子。[5] 1304 年,给多康(朵甘思)驿站霍尔都提供 2200 锭钞票和 390 两银子。[6] 在 1314 年,政府认识到藏族人(西蕃)地区的所有驿站都是贫困无力的,拨给他们 10000 锭钞

---

〔1〕LANG,第 798 页。
〔2〕在 LANG,第 336 – 339 页叙述了一个有趣的例证。
〔3〕《经世大典》,见于 YLTT,第 19421 卷第 16 页 a 面。
〔4〕YS,第 17 卷第 366 – 367 页。
〔5〕YS,第 17 卷第 369 页。
〔6〕YS,第 21 卷第 459 页。

票。[1] 在 1319 年,给乌思的四个驿站发放补助金。[2] 两个月后,宣政院再次下令救济西蕃驿站的难民。[3] 在 1319 年之后某个未指出的时间里,本钦云尊(Yon-btsun)用他自己的资财整顿('c'os pa)了驿传系统。[4] 在 1345 年来到西藏的朝廷官员司徒答儿麻监藏(Si-tu Dar-ma-rgyal-mts'an)的责任,包括修复('dzugs pa)夏克(Śag)大站,他从乌思的贵族那里,为驿站服役募得 100 匹马。[5]

幸亏帝国政府在最为困难的关头对驿站给予关照,才使它的服务坚持到最后。噶玛若贝多吉(Karma Rol-pa'i-rdo-rje)在 1358 年和 1360 年两次到中原旅行时,都发现驿站在运行。

如众所知,元代的驿传系统一直保存到 1959 年,始终以乌拉差强制服役的形式向农民摊派。它主要为在职官员的旅行,以及其他持有拉萨政府许可证的游客提供运输或陪伴服务。

至于说到最后的结论,在讲藏语地区,蒙古—西藏行政机构的主要面貌,可以用下列表格来表示:

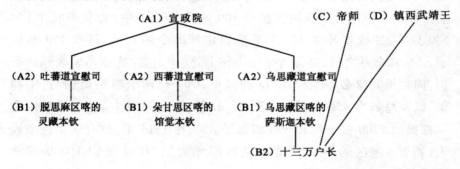

———————————

〔1〕《经世大典》增补部分,见于 YLTT,第 19421 卷第 2 页 b 面至 3 页 a 面,复制了铭文和政令。这份文献也回忆了在 1292 年和 1296 年的赈济。在 YS,第 24 卷第 564 页中,政令被无情地缩短。

〔2〕也是在此种情况下,发现见于 YLTT,第 19421 卷第 11 页 a 面的《经世大典》中的铭文和政令,它们在 YS,第 26 卷第 588 页中,被缩短为几个字。

〔3〕YS,第 26 卷第 588 页。

〔4〕BYANG,第 4 页 a 面。

〔5〕LANG,第 357 页。

功能

（A1）= 来自首都的控制

（A2）= 地区控制

（B1）= 地区行政机构

（B2）= 当地行政机构

（C）= 赐予的封地与特权

（D）= 检查与任命

4 元朝—萨迦统治的
稳定时期(约 1290—1330 年)

在第二部分末,我们留下了在 1290 年镇压止贡"叛乱"之后,蒙古控制之下中部西藏的镇抚与安全问题,此时期的强硬派人物阿加仑,在若干年的时间里负责主持西藏的政府机构,如同在他之前的释迦桑布和贡噶桑布一样,他是萨迦的建设者,而且,事实上完成了萨迦庞大而复杂的建筑工程。他促使建造了拉康钦莫(Lha-k'an-c'en-mo)的怪柳画顶部,有八根柱子的平台、坛城画殿(T'ig-k'an)等。在 1295 年,他建造了巨大的外部围墙(lcags ri),在那里有八思巴和达玛巴拉(Dharmāpalaraksita)的塑像;他还增建了金塔和绿松石塔。属于他所完成的建筑还有本布日(sPon-po-ri)和觉莫林(Jo-mo-glin)的围墙。[1]

关于他的最后的消息,我们有关于他在 1298 年活动的情况,当时,他开始前往北京的旅程,而且在去西藏的路上遇见了桑布贝(藏卜班)(参见下文)。[2] 依据后者的建议,他据以建造了 639 个形式各样的内外坛城。他的去世,标志着最有成就的行政机关的终结。

阿加仑一到首都就为他的成绩赢得了奖赏,爱育黎拔力巴达王子,即未来的普颜笃汗(1311—1320 年),把新建立的雅卓万户(Ya-'brog)赐给他的家族。他的后裔以雅卓的主要地方——那噶孜作为他们的家族名。[3]

昆氏家族在达玛巴拉去世以后,好像从人们的视野里消失了,尽管如此,在那些年里,它作为一个家族依然存在着。八思巴的一位名叫耶协迥乃(Ye-śes-'byun-gnas,1238—1274 年)的堂兄弟,在姜域(云南)

---

〔1〕HD–1,第 24 页 b 面。这一日期见于 GBYT,第 2 卷第 41 页 b 面。

〔2〕SKDR,第 112 页 a 面;LDL5,KA 函第 21 页 b 面。

〔3〕GBYT,第 2 卷第 42 页 a 面。

任职,担任忽必烈第五子忽哥赤(Hügeči)的家庭教师。忽哥赤被任命为行省的地方长官,并且在四年之后被毒死。耶协迥乃显然就在那个偏僻的省份留了下来,于1274年11月死在那里。依据援引自同一文献的另一则说法,他在1273年3月30日死于朵甘思的色热那(Se-ra-sna)地方。[1]

　　他的妻子是班仁家族(dPal-riṅ)隆那(Luṅ-nag)管家(gṅer pa)的一位小姐,耶协迥乃只生了一个儿子,名叫桑波贝(bZaṅ-po-dpal,1262—1323年)。[2] 他就是昆氏家族在达玛巴拉和他的幼子去世后,仅存的男性后代。由此,他就是萨迦及其相关权利未来的继承人。他早年在萨迦度过,没有认真履行宗教职责。在1282年阿布(A-bu)皇后把他召到朝廷。[3] 就在同一年,达玛巴拉成为了帝师。究竟其中发生了什么事,我们的史料在用审慎的词语讲述时,是慎重地含糊。可能在他的堂兄弟的鼓噪下,麻烦落在了桑波贝血统的合法性上,而且,在1282年的这一年,皇帝将他流放,先到苏州,然后到杭州,最后到蛮子(sMan-rtsi,中国南方)大海里的一座岛上。

　　在1292年,桑哥倒台并被处死。他去世的影响,在西藏也留下痕迹。在止贡之乱以后,曾被带到中原的蔡巴万户长噶德衮布(dGa'-bde-mgon-po),是在桑哥的严密监督之下生活的,却由于皇帝个人的关心而从大难中获救。[4] 现在,他被允许返回到他的万户,在那里平安地生活到1310年去世。[5] 另一个后果(尽管两件事实之间的联系无处查实)大概是帝师耶协仁钦(Ye-śes-rin-c'en)的辞职,他引退到五台

---

　　〔1〕SKDR,第105页b面至106页a面,这一不确定性也反映在其他文献资料中。依据GBYT,第2卷第21页b面,他于1271年在康区去世;依据BA第212页和DCBT第165页a面,于1274年在"姜"(lJaṅ)地去世;依据HD-1第22页b面,他于1273年在"姜"(lJaṅ)地去世。

　　〔2〕关于这位更软弱者的复杂经历,参看SKDR,第107页a面至109页b面;HD-1第22页b面;GBYT,第22页b面至24页a面。后一部文献是HT5D有关叙述的资料来源,在TPS第627页和684页有翻译和注释。

　　〔3〕"A-bu"(阿布)大概是"Nambui"(南必),她取得在1281年去世的忽必烈的首位妻子察必的位置。然而,1283年才颁诏封她为皇后。见Rossabi,1979,第170-171页;Rossabi,1988,第225页。也见Pelliot,1959,第568页。

　　〔4〕HT5D,第62页b面(=TPS第629页)。

　　〔5〕KARMA,第102页b面。

山(rTse-lṅa),三年以后在那里去世。很可能,他的支持者的垮台使他的职位难以保持。皇帝任命康萨家族(K'aṅ-gsar)的一名成员札巴沃色(Grags-pa-'od-zer,《元史》作吃剌斯八斡节儿,1246—1303年)为新的帝师,此人曾陪伴达玛巴拉到过北京。[1]

桑哥的倒台没有对桑波贝的地位产生影响,他再度被忽略,而且忽必烈绝对不会对他发慈悲。这位衰老皇帝长期仇恨的原因并不是显而易见的。不管怎样,昆氏家族最后的子孙必须等到忽必烈的去世,其地位才能改善。

在忽必烈晏驾(1294年2月18日)之后,新皇帝完者笃(1294—1307年)得以任命(那是确认)札巴沃色作为帝师(1294年7月23日),到那时为止,支持被忽必烈管束的昆氏家族的活动恢复了势头。本钦阿加仑自己采取主动,他召集萨迦的地方议会(bka' bgros),并使之讨论此事。根据尼德国师协绕班(Ñi-lde bgug śri Śes-rab-dpal)[2]和弥钦奥都思(O-dus,大约是一名在西藏的蒙古官员)的建议,地方议会给帝师呈上一份请愿书,请他从皇帝那里获得恩准,允许桑波贝返回。这份请愿书也得到嘉·阿年贡噶扎(rGya-a-sñan Kun-dga'-grags)[3],也许还有夏鲁家族的支持,后者与皇帝的关系非常密切。[4] 札巴沃色或者是由于悔悟,或者由于他感到在西藏僧侣的舆论面前进行对抗是不明智的,便向皇帝呈献了请愿书。皇帝也考虑到边疆地区动荡的不

〔1〕他的任命是作为1291年的事件之一,记载在YS,第16卷第354页。关于他和他的家族见HD-1,第24页a-b面和GBYT,第2卷第37页b面至39页a面。康萨拉章由本钦释迦桑布建造。——依据DMS,第191-192页,札巴沃色被任命为(拉堆)绛的万户长,并将那个万户传给他的子孙掌管。绛氏一系出现在DMS中,似乎是弄错的缘故,而且札巴沃色在绛家族的族谱世系中没有被提到。

〔2〕某位却杰尼德(C'os-rje Ñi-lde)是《萨迦家谱》的作者,该书又是SKDR的史料来源之一。他不大可能是同一个人。

〔3〕此人即是汉文文献中的胆巴(1230—1303年),关于他,参阅弗兰克1984年。

〔4〕完者笃给夏鲁万户长札巴坚赞的封号有乌思藏副使、都元帅、二品虎头纽法官,统治远及行宫(临洮)的三区喀,后来他成为一名同知都元帅。同一封号授予他的儿子贡噶顿珠,参阅见于TPS第659-660页的夏鲁世系。在1290年,帝师耶协仁钦通过皇帝的一道圣旨,批准夏鲁的采邑授予衮布班(mGon-po-dpal),这一允诺由下一任帝师札巴沃色在1296年予以确认,ŽL,第1号和第2号。

安定的局面:在 1296 年春天,在西蕃发生的严重叛乱达到高潮。它迫使脱脱(Toqto)、铁木而不花王子和其他人统帅一支军队前往镇压[1]。

所有这一切显然使完者笃确信:在西藏事务方面逐渐改变政策是适当的,同时又要避免他的祖父的路线的突然倒退。在 1296 年,桑波贝得到皇帝的一道诏书,将他从中国南方召回。他取道建昌府(Kyin-c'aṅ-hu,现在在云南境内,当时在四川管区)前行,来到新都府(Sin-tu-hu,在今成都的东北)。在那里他接到另一道皇帝圣旨,并赐给珍贵的礼物,从此承认他为八思巴的侄子以及他为合法继承人,允许他返回萨迦。这道圣旨还要求他保证延续他的血统。该诏书是长期而又持久考虑后的结果,在《萨迦世系史》(SKDR)中把它作为一种家族法典反复引用。让他吃惊的是,皇帝把一位皇室的公主嫁给他,公主的名字出现在藏文文献之中,写作穆达甘(Mu-da-gan)[2],即蒙古文“Müdegen”。

作为他的新政策的一部分,完者笃颁布了那些年里有名的 1297 年敕令:以极端的手法惩罚那些威胁殴打僧侣,甚或对僧侣表示不敬的俗人。如果一个人触摸一位僧人,他将会失去其手;如果他辱骂僧人,他的舌头将被割掉,如此等等[3]。这份敕令,后来在 1309 年由海山以同样严厉的词句予以强调。

值得注意的是,政策的这一变化,没有影响到在大都的帝师的地位,由此,昆氏家族仍要被搁置好多年。

在 1298 年,现在通常叫做达尼钦布(bdag-ñid-c'en-po)的桑波贝抵达萨迦。遵照皇帝的旨意,他立即连续娶了五个属于显贵出身的领主的小姐。尽管如此,他在萨迦的地位不像他所预料的那样安全可靠。确切的是,绛央仁钦坚赞('Jam-dbyaṅs-rin-c'en)名义上控制这座寺院住持的位置[4],但是,实际上他继续通过住持的细托(bŽi-t'og)官邸来

---

[1]YS,第 19 卷第 404 页。

[2]SKDR,第 111 页 a 面,第 112 页 a 面。

[3]HD-1,第 39 页 b 面和 HD-2,第 151 页。在这两种文献中,日期都是鸡年,也即 1297 年。在 GBYT 中,日期是木鸡年的 1285 年,是一个错误,而且,麦克唐纳,第 79-81 页的讨论是不得要领的,完者笃在 1285 年还不是皇帝。

[4]SKDR,第 260 页 b 面。

掌管萨迦宗教会议,当时桑波贝被局限在拉康拉章(Lha-k'aṅ-bla-braṅ)之内。官方对此的辩解是,他需要从事重要的宗教研究工作,为此,他显然没有必要在汉地背井离乡。既然有些文献,把他描绘成一个脾气坏而言语下流的人[1],他还需要养成在寺院环境中过高级僧侣庄严生活的习惯。

关于阿加仑离开以后萨迦政治发展的情况,我们一无所知,它大概是一个真正的和平时期。熏奴旺曲(gŽon-nu-dbaṅ-p'yug)被任命为本钦,是他的第二个任期。这一点,至少在我们的大部分资料中陈述过。尽管如此,《红史–1》(HD–1)完全忽视它,而依据《西藏王臣史》(HT5D),他死在赴任的路上(从汉地?)。[2]

实际上,阿加仑的后继者是列巴贝(勒巴班,Legs-pa-dpal)。我们不知道他任职有多长时间,我们只能说,他是完者笃皇帝和札巴沃色帝师的同代人。他大约连续任职直到1305年。关于他的活动情况,我们只知道,在1299年,为了拥护那个再次来到西藏的铁木而不花王子[3],他以行为不端为由,罢免了帕木竹巴万户长熏奴云丹(gŽon-nu-yon-tan)的职务。[4]

在列巴贝任职期间,帝师札巴沃色去世(1303年),皇帝让富有经验而又忠实的萨迦应供喇嘛绛央仁钦坚赞(bla mc'od 'Jam-dbyaṅ-rin-c'en-rgyal-mts'an)代替他。在同一年,他被召到朝廷。在1304年2月23日,他在那里被正式任命为帝师。他享有这一职位不到一年,便在1305年2月5日去世。[5] 显然,桑波贝被认为不能胜任那样的职位,他被略过不提,而在1305年3月29日任命的下一任帝师是康萨(K'aṅ-gsar)的桑结贝(Saṅ-rgyas-dpal,《元史》作相加班),他是前任帝师札

---

〔1〕HT5D,第74页 b 面(= TPS 第635页)。

〔2〕HT5D,第61页 a 面(= TPS 第628–629页)。

〔3〕在1297年铁木而不花获得镇西武靖王的封号,YS,第19卷第435页。他开启了这样一个与西藏保持联系的王侯之家,直到蒙古王朝崩溃为止。参阅伯戴克1990年,第263–264页。

〔4〕LANG,第252–253页。

〔5〕这些日期是由 BA 第717页,YS 第21卷第457页和第21卷第462页提供的,参阅 YS 第202卷第4519页和《元典章》第21卷第14页 a 面,见于海涅什(Haenisch)第33页。还有噶玛第100页 a 面。在1304年,绛央仁钦坚赞向夏鲁万户长宣布另一项特权,ŽL 第3号。

巴沃色的弟弟。[1]

可能在这一时期,在其内部和源于西藏的活动都在皇室王子海山的监视之下,当时他在蒙古统帅着军队并在两年之后成为皇帝;在1305年,他发布了一道令旨,确认对夏鲁万户长的特权[2],他在西藏行使其权力并非不可能。

在此同时,皇帝决定给达尼钦布一个高级职位的时机已经到来,此人那时已经完成他的宗教修习。在1306年,在他45岁时,他正式掌管萨迦大寺的权力。[3] 并把他的官邸转移到细托拉章。几年之后,在给他的家族的延续做了充足的准备后,他最后开始一种学道的宗教生活。在1311年8月26日,新皇帝普颜笃(1311—1320年)给他一个国师的封号[4],并且在他52岁时,也就是1313年,他最终受戒,完全做了一名僧人,而且成为名义大住持(丹萨钦莫,gDan-sa-c'en-mo)。[5] 也许从这一正式的动作中获得机会,在同一年,铁木而不花的第二子、承袭了镇西武靖王封号的搠思班(C'os-dpal),被派往萨迦"料理西藏事务"。[6] 这是他与中部和东北部藏区发生联系的开端,这种联系持续了大约二十年,并且在后来由他的儿子加以继承。[7]

稍后,帝师的职位随着桑结贝在1314年去世而空缺,这件事导致了夏尔巴(Śar-pa)和康萨(K'aṅ-gsar)家族接连担任帝师的终结;这一职位又返还给昆氏家族。在1309年,桑波贝的第二个儿子贡噶罗追坚

---

〔1〕HD－1,第24页 a 面;YS,第21卷第463页和第202卷第4519页。关于这位帝师名字自相矛盾的说法,正如在其他场合中的情形一样,是由于 YS 第202卷引起的,参阅稻叶第38－40页。甚至他获得任命的那个月份,在 YS 第24卷第558页中也被误作9月。在1307年,他确认了西夏鲁僧人的豁免与特权,ŽL,第4号。

〔2〕蒙古语和八思巴字原件文书由伯希和刊布并翻译,见 TPS 第621－624页。

〔3〕DMS,第187页。

〔4〕YS,第23卷第545页;SKDR,第113页 b 面。

〔5〕HD－1,第22页 b 面;GBYT,第2卷第23页 b 面至24页 a 面;SKDR,第109页 b 面。依据 HD－1,仅仅是在这一刻,他正式得到细托拉章的公馆。

〔6〕GBYT,第2卷第73页 b 面至74页,在那里没有给出日期。但是,它是由《乃宁颂》提供的。它告诉我们,在1313年那个寺院的堪布恳请达尼钦布、皇室的搠思班王子和本钦(未给出名字)授予普通的特免令,KDNT,第346页。

〔7〕关于搠思班,参阅伯戴克1990年,第265－267页。

73

赞(Kun-dga'-blo-gros-rgyal-mts'an,《元史》作公哥罗古罗思监藏，1299—1327 年)[1]被传唤，将他的官邸从萨迦调整到首都。1315 年 3月 27 日，皇帝委任他为帝师。[2]

一个得以恢复皇室宠爱的更深一层的标志，不久以后出现。达尼钦布和皇室公主墨达甘(Müdegen)的儿子，起名索南桑布(《元史》作琐南藏卜，bSod-nams-bzaṅ-po)，显然是作为一名新皈依的、拥有国师名号的僧人住在凉州(Byaṅ-ṅos)。新皇帝硕德八剌(1320—1323 年)，是西藏佛教的一位热心支持者，在他即位的那一年，他下令在帝国的每个地区的寺庙都供奉八思巴。这还不满足，他重新与昆氏家族结成姻亲。在 1321 年，索南桑布还俗，并在 1322 年 1 月 8 日接受封号和白兰王的金印。显然，他是与皇帝女儿结婚时受封的，这位公主的名字，在藏文中写作"Bhundagan"(本达甘)，或"Buddhagan"(布达甘)，或"Mundhagan"(门达甘)。尽管如此，他后来还是恢复了宗教生活。[3]

车轮旋转了一个圆圈，但是，它用了 30 多年，整整一代人，来推翻因忽必烈和桑哥放逐桑波贝而开始的对昆氏家族的敌对政策。现在，达尼钦布见证了他的家族命运的恢复，他可以安心地负责主持寺院，并且没有反对者，一直到他去世，这大概就发生在 1323 年。[4]

本钦列巴贝的继任者是僧格贝(桑哥班，Seṅ-ge-dpal)，关于他的情况我们一无所知。紧随他的任期之后的是斡色僧格('Od-zer-seṅ-ge)，此人是前任本钦熏奴旺曲的一位亲戚(也许是儿子)，而且属于拉堆洛

---

〔1〕关于"衮洛"(似乎他的名字常见的是简称)，参阅 HD－1，第 23 页 a 面；GBYT，第 2 卷第 24 页 a 面至 b 面；SKDR，第 112 页 b 面至 113 页 a 面。

〔2〕YS，第 25 卷第 568 页。FTLTTT，第 730 页 b 面，把事件安排在 1316 年。

〔3〕关于索南桑布，参阅伯戴克 1990 年第 259－260 页。依据 YS 第 202 卷第 4521 页，他结婚和被任命为白兰王，发生在泰定帝时期(1324—1327 年)，1321—1322 年和 1326 年的事件因此被混在一起。

〔4〕SKDR 第 109 页 b 面中引用了两种不同的证据，分别属于 1323 年和 1324 年。考虑到帝师活动的纪事年表，我倾向于较早一个日期。它也得到几乎同一时代的 HD－1 和 GBYT 第 2 卷第 24 页 a 面的支持。在 SKDR 第 113 页 b 面，115 页 a 面，260 页 b 面，以及 DCBT 第 165 页 b 面等其他文献中，倾向于后一个日期。依据 BA 第 213 页和 DMS 第 187 页，他在他 61 岁的 1322 年去世。

万户长家族。[1] 他与该地区的显贵有亲戚关系,是由于他娶了夏鲁古尚衮噶顿珠(sku žaṅ Kun-dga'-don-grub)的一个女儿为妻,他的一个女儿做了萨迦人却吉坚赞(C'os-kyi-rgyal-mts'an)的第三个妻子,另一个女儿嫁给了拉堆绛家族。他是在1309年就职的,当时他向正在访问萨迦的年轻的达隆堪布热那活佛(Ratnaguru)致以问候。[2] 在1315年,帕木竹巴的绛曲坚赞即将去萨迦接受宗教与行政管理方面的锻炼时,他还是主管。[3] 从1316年帝师向西藏政府官员们发布的一份文书中我们查明,斡色僧格是宣慰司的一位成员,他以公平的方式解决了应征税的数量问题。[4] 在他的任期内,皇帝的一道圣旨责令顿月贝(顿月班,Don-yod-dpal)、甲瓦(Gya-ba)和久久(Ju-ju)承担邀请喇嘛列琼瓦前来北京的任务,列琼瓦可能就是桑波贝的儿子和未来的帝师贡噶勒贝迥乃坚赞(Kun-dga'-legs-pa'i-'byuṅ-gnas-rgyal-mts'an),使者们在未指明年份,好像应该是1316年的8月1日抵达萨迦。[5] 此后他接受了宣政院的一项任命。在1318年初,他已经辞去他在西藏的职务,但是,依然没有确定他前往中原的行程,待在萨迦。

斡色僧格的继任者是本钦贡噶仁钦(Kun-dga'-rin-c'en),关于他的情况的报导,仅有的现成片段是,他在掇思班到来前的两年,也就是在1319年就任本钦职务。[6] 下一任本钦是顿月贝,他同样是在几年前来自北京。在他任职时期,无论是时间还是事件,一无所知。

下一任本钦是稍有名气的人物,他名叫札巴达(Grags-pa-dar)[7],但是,经常被人提到的是他的绰号云尊(yon-btsun),他是绛(Byaṅ)家族的一名成员。早年,他是觉囊堪布甲瓦耶协(rGyal-ba-ye-śes)的弟子

〔1〕LANG,第791-792页。

〔2〕TLKZ,第106页b面与BA第633页合并。

〔3〕夏鲁世系见于TPS,第660页;LANG,第261页,第265页;HT5D,第74页a面(=TPS第635页)。

〔4〕ŽL,第5号。

〔5〕LANG,第272页。

〔6〕RLSP,DZA函第13页b面。

〔7〕HD-1,第25页a面;GBYT,第2卷第43页b面。

之一。[1] 后来,他作为达玛巴拉的扈从成员之一参加萨迦的工作。他通过接受忽必烈和他的继承者完者笃的诏书任命,而正式成为一位政府官员。他在供职中,缓慢而又稳固地上升,获得拥有银徽章的大司徒职位,并得到一道特殊的圣旨(札撒,ja'sa),委任他为绛万户的"推衮都"(t'us gon du,大概是"推官",刑事检察官)。后来,他成为萨迦堪布的秘书长(囊钦,naṅ c'en)。[2] 他在萨迦的官邸是兴康拉章(Śiṅ-k'aṅ bla braṅ),并掌管其财产,其收入供达玛巴拉纪念殿堂贡献之用。我们得知,他被委任为乌思藏本钦是帝师衮噶罗追坚赞(Kun-dga'-blo-gros-rgyal-mts'an)在帝国的首都的时期,而且他保持这一职位达十三年之久。这样长的时间自然是不可能的。如果这不是记载上的失误,就可能把他担任囊钦的时间也包括在他的任期之中。总之,他好像是在 1322 年之前去世的。[3] 如上所述,他用自己的私人财产重新改组脱思麻的大驿站,并授权给前往西藏履行公务的人员(spyi'i-c'ed du)发放特许证(p'yag rjes)。他的宗教工作也是卓著的:他为绛昂仁(Byaṅ Ṅam-riṅs)寺院奠基,为此目地,他启用并奖赏释迦僧格(Śākya-seṅ-ge);他还促成印制金书抄写的《甘珠尔》。他和帝师桑结贝(Saṅs-rgyas-dpal)的一个女儿结婚。[4]

所有这一切是相当地含糊,实际上我们掌握 1320 年前后他在西藏一些事件中分担角色的情报甚少。其中最重要的是挹思班王子第二次前来西藏。在 1319 年,他受命统师一支军队击退来自和阗地区、扰乱帝国边疆的劫掠者。[5] 这显然是两年前一支帝国军队抢劫位于伊塞克湖(Tsiq-qul)和塔剌思(Talas)的察合台汗国居地的一个后果。这可

---

[1]BA,第 775 页。

[2]在他作为"囊钦"(naṅ-c'en)的工作期间,得力助手是札巴桑布,此人在 1317—1318 年担任帕木竹巴万户长 10 个月。LANG,第 255 页。

[3]LANG,第 297 页。

[4]云尊生平的一个简短摘要,见于 BYANG,第 3 页 b 面至 4 页 b 面。对绛昂仁寺院的创建更为混乱的叙述见于 VSP,第 213 页。在那里,我们首先获知,由于在昂仁地区一个池塘的野鹅的叫声,帝师"衮洛"给此地命名。接着给我们介绍了释迦僧格的到来和寺院建立的准确日期:第四饶迥的木鸡年,也就是 1225 年,这两则谬说相互抵触。

[5]YS,第 26 卷第 588 页。

能与他来萨迦"受命镇压堆霍尔（sTod-Hor）之叛"的这一委派有关联。[1] 这一次,他宣布了一道日期是鸡年（1321年）、颁给夏鲁万户长衮噶顿珠（Kun-dga'-don-grub）的令旨,进一步确认皇帝恩准他为宣慰使的任命。这是以原件形式保存下来的搠思班仅有的文书。[2]

大约在同一时间,无论如何也是在1322年之前,他宣布了另一道令旨,封入由宣政院给1318年至1322年担任帕木竹巴万户长的坚赞夹（rgyal-mts'an-skyabs）的一封信中涉及对雅堆千户（Yar-stod stoṅ dpon）行政长官的任命。[3] 第三道令旨是1322年（或稍后）颁给绛曲坚赞的,任命他为本钦,以代替被罢免的坚赞夹的职位。该令旨抵达目的地的时间是在1324年。[4] 按这个时间来计算,此王业已回到他在河州的总部。

达尼钦布桑波贝的去世具有深远的后果。如果说,在他出生时昆氏家族真正存在的问题是对后嗣缺乏的恐惧,那么,在他的去世这个问题上,则完全相反。他对皇帝的劝告忧虑于怀,并认真履行了使他的家族得以永存的任务。他的妻子们（1位蒙古人和5名西藏人）为他生了13个儿子。这些儿子中的11人,直到他去世时依然活着。继承权的问题也许是一个棘手的问题。事情还是发生了。然而,在1322年,第二个儿子帝师衮噶罗追坚赞（Kun-dga'-blo-gros-rgyal-mts'an）,为了他作为一名僧人的最后一次受戒而返回到西藏。[5] 在此情况下,解决继承问题十分自然地变成他的责任。是不是按朝廷的指示行动呢,或者是因为他不能利用他的权力对他的兄弟们施加影响,他采取了最为简单的方法,以分开的方式加以解决。儿子们被分割为4个组,每一组给一份遗产。四组的名字取自它们在萨迦的住宅（bla braṅ）。它们是:

---

〔1〕LANG,第287页。此时,堪布僧格杰布（1289—1326年）邀请搠思班到热隆（Ra-luṅ）,但是,他没有去,RLSP,第13页b面至14页a面。

〔2〕ŽL,第10号。

〔3〕LANG,第321－322页。

〔4〕LANG,第325－326页。

〔5〕SKDR,第113页a面;RLSP,DZA函第17页b面和WA函第7页a面;YS,第27卷第615页。这一事件和它的日期在若干藏族作者那里得到一个不相称的价值。参阅麦克唐纳第66－71页和116－117页（注释第51条）所收集到的资料。

1）细托（bŽi-t'og）。在 1322 年之前已经存在，而且以后一直到 1959 年解体，它是住持（gdan-sa c'en-po）的正式住地。

2）拉康（Lha-k'aṅ）。它是与拉康钦莫（Lha-k'aṅ c'en-mo）不同的一座建筑。

3）仁钦岗（Rin-c'en-sgaṅ）。在细托的东北，贡噶桑布所建。

4）堆却（Dus-mc'od）。在细托的东南，其来源不明。[1]

在 4 个拉章中，萨迦的财产的划分是由帝师在 1323 年末或者 1324 年初完成的。[2]

这一判定瓦解了萨迦住持的统一，每一个拉章有它自己的寺院（gdan-sa），而总住持（丹萨钦布，gdan-sa c'en-po）好像只享有大主教的荣誉。这意味着萨迦派的权势和威望正在严重地衰落。其结果，简而言之，变得好像皇朝政府不断地增加干预，并且最后引起万户长们的骚动与反抗，导致萨迦和元朝两者统治的最终崩溃。

一项团结的措施，是承认第三个儿子南喀勒贝坚赞（Nam-mk'a'-legs-pa'i-rgyal-mts'an，1305—1343 年）名义住持的地位，他是细托拉章的首脑，通常为人们所熟知的是他的封号"克尊"（mK'as-btsun）。他正式就职是在 1325 年，皇帝赐给他一颗大印和"灌顶国师"的封号。[3] 尽管他享有很大的宗教权力，但是，他很少被人提到。他的权力反而好像很有限。

与此同时，皇帝显然为了给新的体制提供一个合法的支持，重新找到宗教上的曙光、从前的白兰王索南桑布（琐南藏卜）。在 1326 年之后，他再次抛弃出家的誓愿，还俗为王，并在那一年的 6 月 12 日被任命

---

〔1〕4 个主要部分和 14 个小的拉章都出现在名录中，部分出现在费拉丽（Ferrari）书中，注释 481－505。四个主要部分是：郭如姆（Go-rum），最古老的建筑（11 世纪），也许不是拉章，细托（gŽi-t'og），仁钦岗（Rin-c'en-sgan），拉康（Lha-k'an），见名录 6 页 a－b 面。

〔2〕SKDR，第 113 页 b 面。

〔3〕SKDR，第 114 页 b 面和第 261 页 a 面；HD－1，第 23 页 a 面；GBYT，第 2 卷第 27 页 b 面至 28 页 a 面；BA，第 213 页。

为西蕃三道[1]，也就是朵甘思（mDo-k'ams，或多堆，mDo-stod）、脱思嘛（mDo-smad）和乌思藏（dBus-gTsaṅ）三区喀（c'ol k'a）的宣慰使。实际上，这一尝试获得的成就不大。[2]

帝师的影响几乎立即产生了结果。如同由他颁布的四份文书所展示的那样[3]，他充分地行使他在西藏的权力。在萨迦做完分割财产的工作之后，他在1324年夏天返回首都。[4] 在1326年，他的健康状况恶化，并在那一年的11月6日为了返回西藏而向皇帝请辞[5]，但他事实上未能成行，可能是不久在吐蕃（安多）爆发了叛乱。12月份，他仍在首都履行宗教事务。[6]《元史》本纪记载，在1327年3月6日，有帝师去世，其名字存在错讹，作"参马亦思吉思卜长出亦思宅卜"。[7] 这个人只能是贡噶罗追坚赞（Kun-dga'-legs-pa'i-'byuṅ-gnas），他的去世，在同一日期的藏文文献中有报导。[8]

他的继承人是拉康拉章的贡噶勒贝迥乃坚赞（1308—1330？年）。此人是在1327年5月17日被任命为帝师的[9]，但是，这一次任命实际上并没有效果。我们从藏文史料中得知，他只是在1328年到达朝廷，而"代理皇帝"图帖睦尔刚一感觉到可以安心登基，就在1328年10月

〔1〕YS，第30卷第669－670页。在YS第108卷第2742页（＝韩百诗1954年，第50页），泰定帝四年的日期更正为三年。

〔2〕韩百诗1954年，第50页和第137页，认为"索南桑布"和1327年和1332年提到的"岐王""琐南管卜"是同一个人。除了名字的部分类似以外，这一假设还缺乏根据，"岐"（其?）王们好像全部都是蒙古人。

〔3〕ŽL，第5号（1316），第6号（1321），第7号（1325）和文书第LXVI号，见沙畹（Chavannes）1908年，第410－413页。

〔4〕在1324年8月他去北京的路上，在宗堆（宋都思，春堆），他见到了珠热隆的堪布贡噶僧格（1314—1347年），他给这位堪布授予第一次戒。RLSP，WA函第8页a面。

〔5〕YS，第30卷第674页。

〔6〕YS，第30卷第675－676页。

〔7〕YS，第30卷第677页。这一名字的第一和最后一部分是令人费解的。第二部分写作"sKyes-bu"，第三部分也许是"Byaṅ-c'ub"（绛曲）（?）。

〔8〕HD－1，第22页b面；GBYT，第2卷第24页b面；参阅BA，第213页和308页；FTLTTT，第734页b面。1327年10月的日期有误。

〔9〕YS，第30卷第678页。

17 日重新予以任命(进一步确定)。[1] 依据一种说法,他于 1339 年在梅朵热瓦(Me-tog ra-ba)去世,而另一种说法认为,他死于担任帝师职务刚刚三年之后的 1330 年。[2] 第二种说法更具可能性。

在贡噶勒贝迥乃坚赞担任帝师期间,发生了一件难以理解的事。依据汉文资料记载,一位名叫"辇真吃剌思"的人,也就是仁钦扎(Rin-c'en-grags),在 1329 年 12 月 22 日被任命为帝师。[3] 他的身世含糊不清,而且把他与《元史》中提到其名的那个人相互勘同,还存在严重的困难。[4] 我们只能怀着某种希望来推测,他与作为国师的仁钦扎是同一个人,后者在木鸡年(1325 年)筹备出版汉文馆(rGya-yig-ts'aň)翻译的,或者四十年前由胡将祖(Hu-gyaň-Žu,'U-gyaň-ju)自汉文汇编的藏文文献。[5] 他不仅不属于昆氏家族,而且在任何藏文文献中也绝对没有作为帝师提到他(就那件事而言,在他被任命之后,在任何汉文材料中也未见到有关他的报导)。于是,我们认为他是一位篡位者是合适的,而他的委任,是在图帖睦尔复辟帝位之后,朝廷一些想把萨迦派从帝师职位上排挤出去的小集团所进行的一次夭折的和短命的阴谋。

---

〔1〕SKDR,第 153 页 a 面;FTLTTT,第 734 页 b 面。在那里,他被授予相同的"文国公"的封号,该封号在 1310 年被授予"亦邻真乞列思"(见本页注释 4)。

〔2〕因而依照引自 SKDR 第 153 页 a 面的两个相互独立的权威性著作。

〔3〕YS,第 33 卷第 745 页。在 YS 第 202 卷第 4519 页,这一名字拼作"辇真吃剌失思",也就是 Rin-c'en-bkra-śis(仁钦扎西)。

〔4〕在那些年里出现了几个别的"仁钦扎"(Rin-c'en-grags)。由于翻译各异,我们难以判定是指多少个不同的人。按年代次序,他们是:"亦邻真乞列思",他在 1310 年 11 月 2 日被封授为"文国公"(YS 第 23 卷第 527 页);"亦邻真吃剌思",他在 1311 年 8 月 9 日被任命为"司徒"(YS 第 24 卷第 545 页);"辇真吃剌思",他在 1320 年被任命为"司徒"。这大概是一次降职,因为在同一时间,他失去了"国公"的品级,他的大印也被收回(YS 第 27 卷第 599 页)。他兴许和拥有司法审判职务的司徒仁钦扎是同一个人,后者在 1322 年陪伴帝师返回西藏。他有一个"分院",也就是宣政院的分支机构(分院)的大印(LANG 第 289 页)。僧人"辇真哈剌思"在 1320 年 12 月 23 日被召请到首都,多亏他的旅行有救书皇命,沿途郡和县的官员们以应有的尊敬来对待他(YS 第 27 卷第 608 页)。大司徒"亦邻真乞剌思",他在 1327 年 2 月 28 日被任命为大承华普庆寺总管府的达鲁花赤,仍然拥有大司徒的封号(YS 第 30 卷第 677 页)。

〔5〕这些事实 HD-1 第 12 页 b 面有叙述。它的记事大多转抄自同时代的 GR,后者混淆了编撰(1285 年)和刊印(1325 年)的日期。关于这些问题,参阅麦克唐纳,第 56 页和索仁森(Sφrensen),第 238-240 页最后的例证。这一记事也被 GBYT 第 1 卷第 81 页 b 面、BA 第 47 页和若干后来的著作转抄。

萨迦政府瓦解的最高层唯一持久性的支柱,应该是本钦。然而,我们不知道云尊的任何活动,甚至连他的去职日期也不知道,而只能做间接地推断。依据一份孤立的文献,他的第二个妻子给他生了一个名叫多吉衮布(rDo-rje-mgon-po)的儿子,他曾得到拥有大司徒名号的乌思藏大法官(札鲁忽赤)的职位。在他的父亲死后,他在五六年之间,履行了属于乌思藏本钦职责的巨细所有工作。这意味着,他在没有本钦封号的情况下履行了本钦职责(ṅor)。[1] 的确,他的名字没有出现在所有本钦的名单之中,而且在《朗氏宗谱》(LANG)中,除了在第791页纯家谱中出现之外,全未提及。假如我们猜测这一职位是空缺的,那么,可能持续的时间很短,当然不会是五六年时间。

　　接着,任命了一位名义上的本钦。这又是斡色僧格('Od-zer-seṅ-ge),他从北京返回并在1325年之前的某一个日子履行职务。

---

〔1〕BYANG,第4页b面。

81

5 萨迦政权的衰落与崩溃

5.1 帕木竹巴的崛起:早期

从 14 世纪 20 年代末开始,中部西藏多少有些停滞的局势发生了一些变化。主要由于帕木竹巴万户长绛曲坚赞(1302—1364 年)不安定的精神气质、才能和顽强的坚持。

我们关于萨迦派衰落时期状况的主要资料,是由《绛曲坚赞自传》(《朗氏宗谱》LANG)所描述的,它是一部部头大、冗长而又注重修辞的难懂的文献,但是,也是用历史方法撰写的第一流的著作。它时时在竭力地说明:它的语言,通过翻译或转写而接受了 14 世纪的口语和蒙古政府官僚术语两种影响。当然,它提供了重要事件的一个侧面,并且还存在偏见。这需要认真加以甄别,并和其他资料相互对证。

《朗氏宗谱》叙事的年表,既相当缺乏而又充足。然而,它需要一个序言性的评论。至于可以利用的两个版本(参看文献目录),新近中文的一个版本提供的时间,只是十二年循环周期的 1322—1347 年时期。印度的版本,提供了六十年循环周期的完整日期。尽管如此,不难发现,后者应该是在十二年循环周期系统上第二手的改造。与《噶玛》(KARMA)中丰富的资料和精确的年代的核对,迫使我们得出如下结论:在 1347 年之后,两种版本中的日期均按六十年循环周期提供,而且可能是完全可靠的。

为了给接下来若干年的决定性事件设置发生地点,我想,对 14 世纪前 30 年西藏政治中占主流的主要因素做一个概括性的评述,是可取的。

在混杂了仁钦扎(Rin-c'en-grags,《元史》作辇真吃剌思)的穿插事件之后,下一任帝师注定要比他的前任任职更长的时间。这就是贡噶勒贝迥乃坚赞的弟弟贡噶坚赞（Kun-dga'-rgyal-mts'an，1310—1358 年）。此前,他曾拥有昌（C'aṅ?）国公和国师的封号。他被选做帝师,并在 1331 年应召来到朝廷。在那一年七月,噶玛巴让迥多吉（Karma-pa Raṅ-byuṅ-rdo-rie）在拉萨会见了他及前来邀请他的朝廷官员们。[1] 他庄严而徐缓地向首都进发的情况,在汉文文献 1332 年 1月 18 日、4 月 2 日和 4 月 27 日条下记事中被反复提到过。[2] 新皇帝妥懽帖睦尔刚一即位,就立即在 1333 年 7 月 19 日宣布（也就是确认）了对他的任命。[3] 他在西藏的正式权力得以确认,如同在 1336 年 5月 22 日他从大都大寺院发布的宗教安排的条规（法旨,大概等同于藏文 bca' yig,恰译）[4],以及在标明日期是鼠年 4 月 16 日,几乎可以肯定是 1348 年 5 月 14 日的夏鲁文书第八号中所展示的那样。[5] 他留下来任职,直到在北京去世为止。

除了萨迦派享有特殊地位之外,在 14 世纪上半叶,其他教派的一些喇嘛也被邀请到朝廷。我们在这里将不涉及有关他们的情况。[6]但是,有一个例外,这就是黑帽系（Žva-nag）的噶玛巴,此派好像在蒙古朝廷特别受重视。我们已经熟悉了蒙哥时代的噶玛拔希。他的转世、第三世噶玛巴让迥多吉（Raṅ-byuṅ-rdo-rie）,在 1331 年接待了一个朝廷使团,其首领是衮布藏青（ts'aṅ c'iṅ,或作汉文"参政"）,他从皇帝那里带来了一封邀请信。这位噶玛巴接受了邀请,并在 1332 年 11 月 6日到达大都。他在旅途中得到妥懽帖睦尔（与后面新皇帝名字完全相同）皇帝驾崩的消息,在逗留首都期间,他也是皇帝懿璘质班早死以及寡居皇后摄政,等待新统治者妥懽帖睦尔从中国南部到达的目击者。他甚至在赞成和反对权臣燕贴木儿（El Temür）的派系之间进行斡旋。

〔1〕LANG,第 332 页;KPGT,第 477 页;KARMA,第 107 页 a 面。

〔2〕YS,第 35 卷第 794 页,第 36 卷第 801 页,第 36 卷第 802 页。在 1332 年秋天,帝师在北京接受噶玛让迥多吉的拜访。

〔3〕FTLTTT,第 735 页 b 面。这一事实在 YS 中没有提到。

〔4〕第 14 件帝师法旨,见沙畹 1904,第 442 – 443 页。

〔5〕日期是由 LANG 第 637 页提供的。

〔6〕在 Tsering1978 年中可以看到一份好的摘要。

在那样的情况下,他可能为他的朋友蔡巴堪布取得了国师封号和印信。在 1333 年夏天,妥懽帖睦尔在上都登基。于是,噶玛巴向他传授密法。在随后的一年里,他请求离开,皇帝同意了他的请求,但条件是他必须在两年之后返回。这一次,他为蔡巴万户长贡噶多吉(Kun-dga'-rdo-rje,噶玛巴安居的楚布寺,显然是在他的领地范围之内)获得了"司徒"的封号,并使楚布属地的所有居民获得答剌罕(darqan)的名分,这就意味着免纳赋税。在 1334 年,他离开朝廷,并在次年 10 月抵达楚布寺。

他刚到那里,就接到寡居皇后给他的信(额吉),提醒他履行诺言。他在 1336 年 8 月由平章钦察台(p'ing-ch'ang Qipčaqtai)的陪同下离开楚布寺,1337 年初到达大都,1339 年 6 月 21 日在那里去世。[1]

从各方面来看,让迥多吉对旅行的详细记述饶有兴味。它提供了一幅元代首都重要事件戏剧般生动鲜明的形象,就好像由一位外来僧人观察到的。从语文学角度来看,它给我们留下一份由有文化的西藏人听到并拼音转写的首脑人物汉、蒙人名与封号连续性的比照。这位噶玛巴好像置身于政治纠葛之外,满足于获得皇帝对他的蔡巴朋友宠爱的目标。让迥多吉在皇帝朝廷明显受到欢迎,他没有雄心勃勃的语调,而且,他自然没有成为帝师贡噶坚赞的对手或者搭档,他与帝师保持着亲密的关系。除了他返回时受到盛情接待之外,由于他行踪匆匆,他在家乡没有什么特殊的地位。

在对组织机构的上述简单描述之外,我们现在应该介绍一颗升起的星星:帕木竹巴。它的指挥部在雅隆河谷的乃东(内邬栋,sNe'u-gdoṅ),这一万户与帕木竹巴(1110—1170 年)所建立的帕木竹巴教派密切相关。早期,它与止贡派联为一体,直到它的主寺丹萨替(gDan-sa T'el)1198 年建成为止。十年之后,它变成由京俄(sPyan sṅa,1175—1255 年)管理的独立的教派,教区管辖权属于来自东北地区古老的朗

---

〔1〕让迥多吉的旅行与活动在 KARMA 第 107 页 a 面至 115 页 a 面有详细的叙述。它大致是一份摘要,而且,皇帝的邀请信被仔细地翻译和解释,见舒 1977 年,第 128 – 142 页。参阅 KPGT,第 477 – 478 页,第 800 页。也可以参阅黎吉生(Richardson)1958 年,第 145 – 146 页。衮布错青(mGon-po ts'o c'iṅ),是在 LANG 第 338 页和 KPGT 第 477 页(ts'en-c'iṅ)中顺便提到的。

氏家族(rLaṅs)。在 1233 年,京俄兼任止贡的住持,在那里,他于 1240 年曾对抗道尔达(Dorta)的远征军。此前五年,他把帕木竹巴的住持职位传给了他的异母兄弟甲瓦仁波且(rGya-ba Rin-po-c'e,1203—1267 年)。后者(可能原文把 latter 误作 letter——译者)受蒙古人,特别是深受旭烈兀的影响,帕木竹巴是包括在他的封地之内的,而且旭烈兀曾三次赠送昂贵的礼物给他(甲瓦仁波且)。

此举导致了在伊利汗国宗主权之下的帕木竹巴万户的建立,在封地之上,有一位常设的特使(守土官,yul sruṅs)来代理。起初,由不同来源的官员来管理,但是,不久以后即由朗氏家族的人来管理。这样,帕木竹巴的特征,就表现为平行存在着丹萨替的宗教中心和乃东的政治中心,此二者由同一家族来掌握。在 14 世纪上半叶,也就是从 1310 年到他去世时,住持职位一直由札巴坚赞(Grags-pa-rgyal-mts'an)担任,他死后被称为"才西宁玛巴"(Ts'es-bži-rṄiṅ-ma-pa,1293—1360 年),他在半个多世纪的时间里,全然担当着他的宗教职责,而几乎从不介入政治。[1]

属于朗氏家族的第一位本钦是多吉贝(多杰班,rDo-rje-dpal),他于 1254 年在乃东建筑了行政机关大楼"南杰"(rNam-rgyal)。[2] 在那些年里,帕木竹巴万户纳入到旭烈兀和他的继承者的封地之中,由此形成核心。甚至在伊利汗国宗主权的庇护消失之后,帕木竹巴的万户长依然把他们自己视为由蒙哥汗最初封赐的广阔土地的继承人,感到他们经历了不断的削弱而被侵害。旭烈兀的原始封地实在是广阔的,在西部,它包括纳里速(阿里)一块巨大的地区,"从果润多(Ko-ron-mdo)以上(也即以西),到波日(sPo-rig)隘口(la-rtsa)以下(也即以东)"。[3] 本钦贡噶桑布向多吉贝提出了(以大致相等的雅卓那噶孜)调换这一广阔而又偏僻的土地的要求,但遭到拒绝。本钦通过下毒除掉了纳里

---

〔1〕关于 14 世纪的帕木竹巴,参阅 BA 第 552 – 584 页。关于第二手的叙述,参阅 TPS 第 17 – 24 页;麦克唐纳,第 98 – 99 页;佐藤 1986 年,第 89 – 171 页。

〔2〕HD – 1,第 37 页 b 面;GBYT,第 170 页 a – b 面。

〔3〕依据上下文排除了"波日"(sPo-rig)就是拉达克与克什米尔之间的"布日"(Purig)地区,这一论点由图齐在 TPS 第 629 页和第 688 页提出的。

速的行政长官南巴拔希(gNam-pa dPa'-śi),最终使那个地区转归萨迦的控制之下。[1]

这块属地的核心那南(sNa-nam)和沃卡('Ol-k'a)被让渡给止贡第二任贡巴(sgom-pa)释迦仁钦(Śākya-riṅ-c'en)。唐波且千户(T'aṅ-po-c'e)则被拆散。[2] 更为严重的是,赐给旭烈兀的,包括聂(gNal)、菊许(Gyu-shul)、洛若(Lo-ro)、恰尔(Byar)和艾(E 或 g. Ye)在内的东南部地区的丧失。这些地区所有权遭侵蚀,是由恰译师却吉贝(却杰班,C'ag Lotsawa C'os-rje-dpal,1197—1264 年)招致的,他在晚年通过萨迦的好心帮助,从皇帝那里获得恩准,使他自己的寺院德热(lTe'u-ra)周围的一块土地聂麦顶希(g Nal-smad lDiṅ-bži)脱离帕木竹巴。[3]

在所有的这一切中,最糟的是原为帕木竹巴一个千户的雅桑(g. Ya-bzaṅs)的分裂。雅桑的住持通过对旭烈兀封地代理人阔阔出行为的误传,从忽必烈那里获得一道札撒('Ja'-sa),迫使该寺院的属地从帕木竹巴管内独立出来,使它们正式成为支持这位住持的亲属楚绷沃(Ts'ul-'bum-'od)和外甥绷赤沃('Bum-k'ri-'og)的一个万户。这一恩准后来实际上被扩大,另一道皇帝圣旨,则在两个万户之间规定了界限,它就位于折拉(sBrel-la)隘口。[4] 这道文书成为无休止争论的根源,在这里边,帕木竹巴经常处境最糟。

帕木竹巴地区和伊利汗封地的核心部分是在下雅隆河谷。在那个地区以及它的附近地区,多吉贝建造了十二座堡寨,每个堡寨即是一个领域(庄园,gžis k'a)的中心,它们被委托给亲属或者当地贵族来管理,享有高度自主权。这一种松散的组织显然起到缩小了的万户的作用。这样一来,"它有万户之名,而实际上甚至不足千户之半"。[5]

---

[1]LANG,第 240 – 241 页。

[2]LANG,第 236 – 237 页,第 239 页。

[3]LANG,第 244 – 245 页。这一插语是在恰译师(C'ag Lotsawa)传记和在 DT 第 1056 – 1059 页有关他的生平事迹简述这两者中缺少的,他主要告诉我们,他去了萨迦并在那里很受尊敬。

[4]LANG,第 245 – 247 页。

[5]参看 GBYT 第 2 卷第 170 页 b 面和 LANG 第 238 页中庄园(gžis-k'a)的名单。在 LANG(以及在 DMS)中,"gžis-k'a"与"rdzoṅ"(宗)是同义词,后一术语不是标准用法。

多吉贝的真挚与虔诚,使他无法用强制手法来制止这一肢解的进程,而他的继任者们大多都腐败而无能。事态终于发展到这样一个地步,在 1295 年,王子铁木而不花按照帕木竹巴住持的要求行动,免除了犯有严重过错的万户长熏奴云丹(gŽon-nu-yon-tan)的职务。[1] 他向北京汇报了这件事情,在等待皇帝的敕命的几个月时间里,该万户暂时由从王子随从、萨迦和帕木竹巴中挑选出的多名官员共同掌管。其中一人是多杰僧格雅隆巴(rDo-rje-seṅ-ge Yar-luṅ-pa),旭烈兀守土官(代理人,yul bsruṅs)阔阔出的儿子,但不是守土官自己本人。[2] 对当地人来说,伊利汗的霸主地位到那时已经消失殆尽,留下的只是回忆。

在这一悲惨的情景中,仅有的光点,是在堪布札巴仁钦(Grags-pa-rin-c'en)被任命为万户长,并由大王铁木而不花和帝师授予虎头纽印时期,持续了若干年的宗教和世俗统治,使他能够收复丧失的某些领地。[3]

后来,事态发展愈来愈坏。万户长坚赞夹(rGyal-mts'an-skyabs,1318—1322 年)的举止竟如此令人不能容忍:他当时在萨迦的帝师面前,由皇帝的使者仁钦扎(Rin-c'en-grags)和班丹金院(dPal-ldan ju dben)领导的宣政院的派出机构(hun dben,汉文作"分院")控制下的宗教法庭审判。他被宣布有罪并被免职,于是,他的职位被迫交给堪布札巴坚赞。然而,后者让位给他的弟弟绛曲坚赞(Byan-c'ub-rgyal-mts'an)并获批准。在 1322 年 9 月 9 日(公历 9 月 20 日),绛曲坚赞凭借帝师的一封信函(bka'śog)和皇帝使者的一道令旨(劄付、札符,bca' hu)[4],接受了一个半官方的委任。仅仅在两年之后,他接到官方的委任文书,包括皇帝的一道札撒('ja'sa)、帝师的法旨(bka'śog)和搠

〔1〕HD-1,第 37 页 b 面;GBYT,第 2 卷第 171 页 a 面;LANG,第 252-253 页。
〔2〕HD-1,第 37 页 b 面;GBYT,第 2 卷第 171 页 a 至 b 面,全名(rDo-rje-sen-ge)仅见于 HD-2,第 124 页;其他文献有"多杰雅隆巴"。这个人可能与把原始畏兀文字的《大元通制》连同一个蒙古文字的复制本一起带到西藏的"雅隆巴"是同一个人,GBYT,第 1 卷第 206 页 b 面。
〔3〕LANG,第 253-254 页;HD-1,第 37 页 b 面;DT,第 583 页;GBYT,第 2 卷第 168 页 b 面,第 171 页 b 面。
〔4〕LANG,第 288-290 页;GBYT,第 2 卷第 172 页 a 面。

思班大王的一道令旨。[1] 这个特殊的事例使我们了解到帝国的行政事务所遵循的正规程序。它还表明,在那时,皇室和萨迦人对各个万户的控制依然是稳固而毫无疑义的。

这样,这一时期藏族历史上的重要人物就登上舞台。绛曲坚赞生于1302年,而在他的自传中,有关他早年的情况,是作为极为重要的一段来叙述的,并带有某种艺术手法。在1315年,他被派往萨迦,作为一名见习僧侣,在喇嘛娘麦巴(mÑam-med-pa)的指导下从事他的宗教研究工作。几乎与此同时,他表现出选择世俗事务的决定。由于他显露出对行政管理工作的美好期望,他专门训练了这一技能。[2]

绛曲坚赞立即着手重新改组他的万户的工作,他的前辈们对万户的管理极为软弱。他紧抓地产的管理,对于有前途的人才表现出强烈的渴望。在这方面,他组织了一群富有献身精神的年轻人,他们后来都成为他在危难时刻,以及在为其统治权做最后斗争中的一群坚定的支持者。在他们中间,首要的是五世达赖喇嘛的一位祖先熏奴桑布(gŽon-nu-bzaṅ-po),此人不久成为他的首席管家(涅巴,gṅer-pa)。[3]

他把他的主要注意力集中在收复那些丧失给邻近万户的领地上面。[4] 在这些失地之中,这一时期长时间成为拉锯式争夺目标的有四个:翟莫('Bras-mo)、那莫(sNa-mo)、直古(Gri-gu)和拥有其金矿(gser k'a)的蔡绷(Ts'es-spoṅ),后两者通常混在一起,称作"直蔡"(Gri-Ts'es)。

他的第一步是不幸的。在试图通过武力降伏难于驾驭的觉('P'yos)的管家时,遭到彻底的失败。[5] 随后,他试图通过法律手段收回被雅桑万户夺去的"直蔡"(Gri-Ts'es)。诉讼是在本钦斡色僧格('Od-zer-seṅ-ge)面前进行的,他在1325年作出判决。除了帕木竹巴正当的权益得到承认之外,实际上,由于怀有敌意的蔡巴的影响,以及雅桑

---

〔1〕LANG,第325－326页。

〔2〕LANG,第256－288页。

〔3〕关于熏奴桑布,参看HT5D第94页b面(＝TPS第643－644页)。

〔4〕一份他提出要求的土地名单,在LANG第296－297页列出。

〔5〕LANG,第325页。

人和本钦有着密切的私人关系,"直蔡"(Gri-Ts'es)依然留在雅桑人手里。[1]

这一失败,却是长期延续而又折磨人的斗争表面化的开始,既通过阴谋,也采取武装暴力。它不久就牵涉到以它的本钦为代表的萨迦政府,并且长期成为中部西藏政治生活中最突出的争端。

起初,似乎要由帝国政府直接予以补偿,大概在与处理已故帝师遗体返回问题有关的联系中。帝师的遗体在1327年末运抵西藏。皇帝派遣司徒答儿麻监藏(Dar-ma-rgyal-mts'an)作为使者(gser yig pa),此人是一名藏族僧人,是绛曲坚赞在萨迦时的同门师弟。他将他的法庭(k'rims ra)开设在贡塘(Guṅ-t'aṅ),按照绛曲坚赞的要求行动,并在本钦斡色僧格面前审理。他命令止贡贡巴耶协贝(Ye-śes-dpal)和蔡巴贡噶多吉(Kun-dga'-rdo-rje)归还雅桑夺取的帕木竹巴农奴民户(mi sde)。尽管如此,在他离开以后,这两位西藏贵族有意拖延,并且表现出明显不愿意和好的迹象。这些属地仍然保留在雅桑人手里,斡色僧格的去世,最终导致这一重大案件悬而未决。[2]

大约在同一时间,或者在答儿麻监藏到来之前,无论如何是在1327年之前,一个危险的局势出现在西藏政府最高决策者的面前,一场剧烈的争吵在本钦和萨迦辖区(或者它的一部分)中间展开,以致斡色僧格竟然带领他的军队去进攻细托拉章。这一事件是如此的重大,甚至出现有关蒙古军队即将前来的传闻。夏鲁万户长担心被卷入其中,逃跑到达木(当雄,'Dam)。由于在拉萨正发生蔡巴和康巴(K'ams-pa?)之间的争斗,情况变得更糟,幸亏噶玛巴成功地在两者之间促成一项协约。[3] 存在于萨迦政府内部的烦扰好像也平息了下来,关于这一重要事件,我们就知道这些。事实上,在《朗氏宗谱》中竟对于这一事件在绝对的沉默之下忽略。

〔1〕LANG,第326－327页。
〔2〕LANG,第329页。
〔3〕这一则更为含糊的叙述是三个各自独立的资料的混合:B. Lett(《布顿的信》)第98页a面(它提供本钦的名字);KPGT,第476页;KARMA,第106页b面(它给出大概的日期)。

　　斡色僧格好像在 1328 年或者 1329 年去世,本钦职位由甲瓦桑布(rGyal-ba-bzaṅ-po)继承。[1] 甲瓦桑布属于嘉玉万户(rGyal-yul)的达那家族(sTag-sna),是达玛衮却(Dharma-dkon-mc'og,生于 1268 年)的第二个儿子。达玛衮却的父亲格西仁钦尊珠(Rin-c'en-brtson-'grus)则是八思巴的弟子。甲瓦桑布早年曾做过一个梦,向他揭示了他自己是玛桑(Ma-saṅs)的一个化身。甲瓦桑布把自己与新任帝师贡[噶]坚[赞](Kun-[dga'-] rgyal[-mts'an])的命运紧密相连[2],他很可能把自己获得委任归功于帝师。

　　在 1329 年,中部西藏体验到某位王子和他的女儿(dbaṅ sras)来访的可疑的荣誉。《朗氏宗谱》(LANG)没有给出这位王子(除了搠思班之外)的名字,这个特殊的人物在别处也未提到,汉文文献也未能提供帮助。但是,选择的可能会受到限定,因为《朗氏宗谱》谨小慎微地提到一位皇室家族成员(rgyal bu,王子,汉文作"亲王")和一位非血统的王子之间的区别。依我之见,此人是第二任白兰王索南桑布(琐南藏卜,bSod-nams-bzaṅ-po),如同上文所述,他接受了藏地三区喀的某些权力。他自己居住在雅桑人那里,而他的女儿(sras mo)安居于乃东,在众派系争斗中保持均衡。这位王子在长时间的诉讼中,也曾参与裁决。他把那莫(sNa-mo)、翟莫('Bras-mo)和拥有其金矿(gser k'a)的蔡绷(Ts'es-spoṅ)判给帕木竹巴,而把直古(Gri-gu)裁定给雅桑。然后,他前往雅隆河谷,在那里,他主持了 1330 年的新年庆祝活动,并逗留一段时间。在这个地方延长居住期,大概与官方行动完全无关,这就给整个乌思地区的贵族阶层,具体来说,就是给帕木竹巴的贵族阶层增加了一项沉重的负担。当他开始在辽阔的领地上到处活动并无目的地巡游时,情况变得更糟。在四年之后(按藏族人的算法,也就是 1322 年),贵族们向他恭敬地致以应有的问候,却也坚持认为,滥用驿站系统是违

---

　　[1]甲瓦桑布的传记摘要,包含在 GBYT,第 2 卷第 75 页 a 面至 78 页 a 面。这一文献是 BLO 第 22 页 b 面至 23 页 a 面有一些删节的复制本(在 TPS 第 687 页注释第 106 条的翻译有少量的错误)。

　　[2]GBYT,第 2 卷第 74 页 a – b 面。

背惯例(lugs med)的,并且会导致驿站服役家庭疲敝,他们被迫为他的额外活动提供运输和私人侍奉。他们也向皇帝的官员衮布仓青(mGon-po ts'am c'iṅ,汉文作"参政")及都元帅德坚沃(bDe-rgyal-'od)上诉,这位官员在1331年5月来到西藏,给噶玛巴带来皇帝的传唤。这一事件就到此为止。大概这位王子立即动身离开了,这样,这位贵族专横的丑恶行为终于结束。[1] 他显然在1322年或者1333年在安多去世。

新皇帝妥懽帖睦尔继续允准索南桑布的堂兄弟贡噶勒贝迥乃坚赞(Kun-dga'-legs-pa'i-'byuṅ-gnas-rgyal-mts'an,1306—1336年)承袭白兰王的封号(在1333年或者稍后),他是昆氏家族堆却支系(Dus-mc'od)的创立者,不要将他与有着毫无差异、名字同样长的帝师混淆,后者属于拉康支系(Lha-kaṅ)。他娶他的兄弟的寡妻本达甘(Bhundagan)公主为妻。像前任一样,他获赐许多响亮的荣誉:具有王号的大金印、一块水晶石册书(t'o-śu)[2],被委任为同知(t'on-ji)和经理(ging-ri,显然是征理司的官员,职责是追回税务欠逃款)。[3] 一份充分有效的敕书(bzaṅ-po)安排他做藏地三区喀的首领,也就是先前由他的兄弟把持的"三道"首领职位。他的专职工作,明显是处理法律范围内的事务(k'rims kyi bya ba la mṅa mdzad),但是,和他的兄弟一样,他好像在政治上并没有发挥影响作用。他在29岁时,死于塞浦(Srad-p'u)地区的鲁仓孜(Blubs-ts'aṅ-ts'ig)。[4] 他的一个女儿嫁给芒域贡塘(Maṅ-yul-Guṅ-t'an)的统治者。[5] 接着,白兰王的位子再度空缺,而且持续许多年。

在此期间,好像甲瓦桑布和一位名叫绛白坚赞('Jam-dpal-rgyal-

---

〔1〕LANG,第330-339页;参阅KARMA,第106页a面。

〔2〕关于"托书",参看上文第28页注释2。

〔3〕"经理"不能和低级官员"经历"相对应,但是,更像汉文的"征理使",关于此,参阅上文28-29页。

〔4〕SKDR第174页b面和GBYT第2卷第26页a面;参阅HD-1第23页a面和BA第213-214页。

〔5〕SKDR,第174页b面;参阅杰克逊(Jackson)1976年,第46页。

mts'an)的僧人一起被任命为乌思藏、吐蕃和其他地区的宣慰使都元帅,这道政令标明日期是在1330年2月21日[1]其同僚,在藏文文献中未见记载。在数年之后,他的继任者到来时(1333年),甲瓦桑布移交他的职位,但是,在相当长一段时间里他仍留在西藏。只是在1336年,当他在楚布(mTs'ur-p'u)遇见噶玛巴时,他才即将前往北京,担任宣政院的最高长官[2]

新的本钦是旺曲班(dBaṅ-p'yug-dpal),在1317年绛曲坚赞见到他时,他还是萨迦的一名下级官吏[3] 在被重新派遣到乌思藏之前,他是宣政院的一位本钦(院使)。他在1333年初到达萨迦[4],立即着手处理雅桑与帕木竹巴之间的纷争,这一纷争当时是西藏政治生活中被广泛关注的问题,帝国政府不可能不予重视[5] 他传唤双方到他的法庭为他们自己申诉。在那里,绛曲坚赞为他的诉讼辩护,提到王子(白兰王)新近的判决。本钦保留他自己的决定,并且临时布置将那莫(sNa-mo)和翟莫('Bras-mo)连同金矿一起没收。一年之后,他把金矿以80盎司的价格卖给雅桑,而把那莫(sNa-mo)和翟莫('Bras-mo)则给了另外两位贵族。自然,绛曲坚赞提出抗议,但是毫无作用。又试图通过武力夺回金矿,同样地,雅桑顶住了压力,像从前一样,依靠蔡巴的支持。

在1335年或者1336年初,新皇帝妥懽贴睦尔试图牢固地控制在西藏的行政管理权,便派去了两名官员:藏族人司徒旺尊(dBaṅ-brtson)和畏兀(维吾尔,Uighur)人钦察台平章(Qipčhaqatai)。他们担负着两

---

〔1〕YS,第34卷第750页。关于视为同一的一些怀疑是容许的。这一名字的汉文形式是"加瓦藏卜",它好像与"噶瓦桑布"(dGa'-ba-bzaṅ-po)更为相当,但是,在藏文文献中没有出现这样的名字。

〔2〕KARMA,第111页a面。

〔3〕LANG,第266页。

〔4〕LANG,第342页。这个错误日期木鸡年1345年,在LANG的两种版本中都发现一次。

〔5〕关于帕木竹巴在那些年里已有的政治上的重要地位,在LANG中不是特别着重强调。当时,在1331年,宣政院向西藏官方当局送去了一道命令,在令旨中提到最有影响的三个贵族家庭:"止、蔡、帕",也就是止贡贡巴耶协班、蔡巴万户长贡噶多吉和帕木竹巴绛曲坚赞。KARMA,第107页a面、b面。

项使命:一是召请喇嘛顿月坚赞(Lama Don-yod-rgyal-mts'an,属于仁钦岗拉章)前往首都,一是完成校订人口普查和征税的一次总检查工作。[1] 第一项使命,未能到达目的,因为那时顿月坚赞没有离开西藏;但是,第二项使命却按时完成,这主要得力于钦察台。

依据藏文文献,钦察台是畏兀统治者(亦都护,idiqut)家族的一位成员。[2] 他为汉文文献所熟知,而且从《元史》本纪的零散记载中,可以查出他的生平的大致轮廓。1323年1月10日,他被任命为宣政院的院使。[3] 在1328年暂短的内战中,他扮演了一个角色,在那之后,他成为中央秘书处(中书省)的副大法官(平章政理[事],p'in-ch'ač chen-li?)和枢密院的院使。在1330年,他被免职,他的财产也被没收充公,但是,皇帝几乎立即又赦免了他,并任命他为四川行省平章。在1331年8月,他再次被解职,连同他的家人一起被发配到广东。然而,这一次他的财产没有被没收。就是在1333年,中央政府的官员表中再次列有一位作为平章政理(事)的钦察台的名字,尽管没有文献提及他的再次复职。[4] 最后一次提到钦察台是在1349年,当时,他是一名"知枢密院事",同时被委任为中书省的平章。[5]

钦察台在检查并征收拖欠的什一税(bcu k'a)的工作中,有一位专门的官员(和肃乌奴甘,t'o žu u nu gan)陪伴。[6] 他们建立了宣政院的分支机构(分院),并随身带着相应的官印文书。他们的到来,成为老百姓忧虑的充足的理由,与之相伴的是"瘟疫、战争和抢劫"。[7] 这种恐惧并非完全是无稽之谈。当时正值夏天,钦察台来到香地(Śaṅ),

---

〔1〕BRNT,第52页b面。

〔2〕KARMA,第111页b面,钦察台的名字出现在畏兀皇室早期的一代或者二代。韩百诗1954年,第132页,第134页。

〔3〕YS,第28卷第626页。

〔4〕关于情报的这些条款,见伯戴克1980b,第235-236页。

〔5〕YS,第42卷885页。

〔6〕GBYT,第1卷第193页a—b面,在那里该文献是被删减过的,而且显然是破损的。关于含糊的术语"托秀阿奴甘",参看上文第28页注释2,可能是指"窝若台经历"(O-rol-ta'i-giṅ-li),在LANG被提到。

〔7〕BRNT,第52页b面。

在那里设立了办事处(k'rims),当地人受到恐吓,他们遭受大量的勒索、拷打和沉重的压迫。[1] 在1336年8月,完成了所有的工作之后,钦察台即将前往楚布(mTs'ur-p'u),在那里他遇到了噶玛巴让迥多吉,并亲自承担了陪同他前往帝国首都的工作。当行经达木(当雄,'Dam)时,钦察台和其他的官员接受了噶玛巴的秘法传承。[2]

如果说钦察台的使命仅仅是为帝国政府的利益服务的,那么,他的旅伴旺尊则与藏族贵族的内部斗争紧密相关。旺曲尊珠(dBaṅ-p'yug-brtson-'grus,通常简称"旺尊",dBaṅ-brtson)在帝国首都开始了他的从政经历,在那里,他居住了许多年。他参与官府工作是有案可稽的,一份饶有兴味的文献告诉我们:八思巴和忽必烈之间的契约"原文保存在中央秘书处(中书省),通过别索花(Beg-so-k'a)丞相,交给我——本钦旺曲尊珠它的一个抄本"。[3]"别索花"(Beg-so-k'a)的正确写法是"别不花"(Beg-po-k'a),即"Beg Boqa",在1328年他成为中书省的最高长官(丞相)和枢密院的院使,次年,就被撤职并被宣判贪污受贿。[4]这一点表明,旺尊在1328年已是宣政院的一名高级官员,自然,他的本钦称号,表示他在宣政院的身份,而不是作为萨迦本钦。

在旺尊到达西藏很久以前,有一团暗云聚集在帕木竹巴本钦的头上。1332年抵达北京的帝师贡噶坚赞,将坚赞夹(rGyal-mts'an-sky-abs)的侄子(或者推测是侄子)索南坚赞(bSod-nams-rgyal-mts'an)置于他的保护之下,后者曾被提议担任帕木竹巴本钦职务。这位帝师即把他的被保护人的情况介绍给宣政院,那时,旺曲班(dBaṅ-p'yug-dpal)仍然在首都,表明他自己是赞成的,但是,他的行为遭到宣政院的第二号人物旺尊的抵制。然而,当旺曲班动身前往萨迦时,旺尊继他之

〔1〕BRNT,第53页b面,这一次审判(p'ye gsal)在很长时间被牢记着;LANG第570页和676页。它的记录(deb-t'er)依然有效,并且在以后四分之一的世纪里充分使用着。"长篇启请"(gSol-'debs-riṅ-mo)出现在LANG,拉萨版,第398页。

〔2〕KARMA,第111页b面。

〔3〕GBYT,第206页b面。

〔4〕YS,第32卷第714页,第32卷第716页,第33卷第735页,第33卷第740页,第112卷第2828-2829页。

后做了拥有司徒封号的宣政院院使。他立即默许了帝师的要求,把绛曲坚赞从船上抛入水中,而支持提出要求者的行动[1]。在他陪同钦察台前往中部西藏时他积极地介入此事。

当他们在 1336 年 8 月从噶玛巴那里接受秘传时,旺尊和钦察台在一起[2]。《朗氏宗谱》(LANG)的简单而更为含糊的一段记载表明,他陪伴钦察台和噶玛巴远至朵甘思(多康)。在那里,他们大概(尽管史料上并没有告之)答应实现帝师的一项安排[3]。在这种非官方的鼓励下,旺尊返回中部西藏之后,开始行动起来。绛曲坚赞被邀请参加在多龙布(Dog-lum-po)诱设的款待宴会,并被拘捕,命令他承认索南坚赞为万户长,并交出所掌管的虎头官印,只有此印可以使本钦发布的命令具有合法性。绛曲坚赞予以拒绝,同时,试图送指示给他的管家熏奴桑布(gŽon-nu-bzaṅ-po)不要交出乃东(内邬栋)。尽管他表示要直接诉诸于帝国政府,他在蔡贡塘被囚禁 93 天,甚至被拷打威逼。他钢铁般的坚定取得了胜利,他终于被旺曲班的继任者释放。关于索南坚赞和他的要求没有听到更多的东西。这一事件的结果,在绛曲坚赞和旺尊之间产生了致命的怨恨[4]。

在这些记载中,有关本钦旺曲班的部分,仍然存在着含糊不清的地方。在 1336 年,他正在楚布,出席涉及噶玛巴的皇帝圣旨的官方宣读仪式[5]。在 1337 年他退职,就此,萨迦的宗教会议赠给他一块位于藏拉雅堆(gTsaṅ-la Yar-gtogs)的领地[6]。后来,偶然也会提到他,其中最后一次提到他是在 1358 年[7]。但是,他绝对再也没有担任官方职务。

---

[1]LANG,第 346 - 348 页。

[2]KARMA,第 111 页 b 面。

[3]LANG,第 348 页。

[4]LANG,第 348 - 352 页。让我来附带解释一下:夏格巴关于这些事件的记事(1976 年第 1 卷第 323 页,在 1967 年第 76 页节略本),部分地被他的见解给曲解了,他认为绛曲坚赞所吁请的"至上"(goṅ-du)是指萨迦,但是,"goṅ"事实上始终是指帝国首都和(或者)皇帝。

[5]KARMA,第 110 页 b 面。

[6]LANG,第 353 页。

[7]LANG,第 486 页,597 页,605 页,679 页。在 1361 年囊钦札巴贝桑和他的女儿结婚;GYANGTSE(《江孜》),第 13 页 b 面(= TPS 第 663 页)。

新任本钦索南班(bSod-nams-dpal)是历任本钦中最被淡忘的一位。关于他的出身一无所知。他在 1337 年下半年获得职务[1],并委任都元帅多杰夹(rDo-rje-skyabs)为助理本钦。为了感化他反对帕木竹巴,在蔡巴、唐波且和雅桑之间缔结盟约,这自然是旺尊在他们背后指挥。在几场小规模的战事之后,多杰夹要求休战。[2] 此后,索南班这个人的确在暗淡中退场了。尽管他亲善友好,他却受到歧视,并且由于他的怯懦,几乎所有的人都来欺侮他。据说,他任职六年或七年,也就是最晚到 1344 年。总之,绛曲坚赞始终对他表示极大的敬意,并在他被解职之后向他提供庇护。索南班以向皇帝提供一份报告相报答,这份报告为帕木竹巴反对有关其怀有造反意图的指控进行辩护。

索南班长期任职时期的事情淹没在无声无息之中。然而,曾有过一个时刻,可能调停解决雅桑和帕木竹巴之间的冲突。雅桑万户长本班沃('Bum-dpal-'od)去世时只留下一个名叫楚本沃(Ts'ul-'bum-'od)的幼子。万户的参政议会建议绛曲坚赞接受楚本沃为他的养子,绛曲坚赞则坚持先收回金矿后才能接受他。未同意这件事,于是,导致这一具有政治家才能的计划落空。[3]

5.2　帕木竹巴的崛起:危难与成功

在 1344 年,一场危机渐渐在中部西藏酿成。于是,绛曲坚赞不满足的霸气遇到了强劲的敌手。

像从前一样,萨迦的住持堪布表面上依然身处事态发展的外部层面。在那些年,以及随后时期,出现了一些变化。住持堪布克尊(丹萨钦布,gdan-sa-c'en-po mK'as-btrun)好像在他去世的 1343 年之前几年被迫空出教主职位[4],因为我们获悉,大约就是在那个时候细托和仁

---

[1]LANG 的两种版本署名日期是土牛年的 1349 年,它在年代学上是不可能的,如此,它将使事件的次序遭到破坏。

[2]LANG,第 353 – 355 页。

[3]LANG,第 355 – 356 页。

[4]LANG,第 356 – 357 页。

钦岗之间发生冲突[1]，而且据说是由于他的继任者，也是他的堂弟仁钦岗拉章的（绛白）顿月坚赞（[' Jam-dpal] Don-yod-rgyal-mts ' an，1310—1344 年）占据他的首领职位约三年。此人在 1340 年或者最迟在 1341 年就职[2]。他又传位给他的弟弟索南坚赞（bSod-nams-rgyal-mts ' an，1312—1375 年），14 世纪最伟大的萨迦派学者，大家通常熟知的是他的喇嘛胆巴（Lama Dam-pa）的名号。他担任职务在 1344 年，而且，据说仅仅是在很短的时间里拥有该职。他放弃职务的原因不明[3]。他的继任者是拉康拉章的罗追坚赞（Blo-gros-rgyal-mts ' an，1332—1365 年），他任住持堪布达十八年之久，直到他去世为止，也就是 1347 年至 1365 年[4]。紧接着他的是细托拉章的贡噶仁钦（Kun-dga'-rin-c'en，1339—1399 年），后者的任职日期不详；就此事而言，他的继任者的情况也不详[5]。这些僧人中，好像没有一个人发挥过可被公认的政治影响，也许，喇嘛胆巴和索南罗追坚赞（bSod-nams-blo-gros-rgyal-mts' an ，1332—1362 年）可以除外，索南罗追坚赞不是丹萨钦布（住持堪布，gdan-sa-c'en-po），但是到过北京，并作为最后一位帝师在那里去世。关于这一世系的统治，看来已经没有什么可说的了。然而，在这一时期，继承次序好像是按照资历安排的。

大约在 1344 年，甲瓦桑布返回西藏，再次被任命为本钦。他在宣政院工作期间，在皇帝的心里留下了美好的印象，皇帝任命他为根本本钦（rtsa ba'i dpon c'en），也就是宣政院的首席院使。合计他两次分别逗留的时间，他在汉地居住了十八年。在离开朝廷之前，他恳请并由皇帝同意，得到香地（Śaṅs）叶马岗地区（g. Ye-dmar-sgaṅ，地图上的叶马岗 Emargang）的封地。他在那里按照皇宫的式样建造了耸立在香通门

---

〔1〕BRNT，第 68 页 a 至 b 面。
〔2〕在 1342 年顿月坚赞作为萨迦的最高首领（达钦，bdag-c'en）居住在细托拉章，GYANGT-SE（《江孜》），第 9 页 a 面。
〔3〕DCBT，第 166 页 a 至 b 面（ = TPS 第 651 页）省去绛央顿月坚赞，并把三年统治归之于喇嘛胆巴。
〔4〕依据 DCBT，罗追坚赞在火猪年的 1347 年（TPS 中误作 1346 年）成为堪布。
〔5〕SKDR，第 261 页 a 面。但是，他大约在 1358 年得到这一职务，SKDR 第 116 页 a 至 b 面。

97

（Śaṅs mT'oṅ-smon）的牛坚康（Ñug-rgyal-k'aṅ）公馆,从此以后,这就成为他的家族的住宅,其家族遂之也叫做香巴（Śaṅs-pa）。他还在那里修复了一座业已颓废的寺院,并安排索班智达吉美扎巴（'Jigs-med-grags-pa）来主持管理,容许他加倍强制招收青年男孩作为新的信徒（btsun k'ra）。在叶马岗（g. Ye-dmar-sgaṅ）的上部地区,他还建了一座灵塔（sku-'bum）,供奉他父母的亡灵,并请布顿（Bu-ston）来完成献祭仪式。[1]

在那些年里,有两个皇帝朝廷的使团来到西藏。在1344年,皇帝派遣一位蒙古人前来邀请布顿去朝廷,此人的名字令人费解,叫做江巴剌断事官（Jambhala tvan śri mgon,汉文"断事官"）。[2] 这一邀请被拒绝,但是江巴剌富有成效地访问了蔡巴贡噶多吉。后者根据江巴剌所提供的材料,在他的《红史》（Hu-lan Deb-t'er）中,撰写成有关汉地历史一章。[3]

第二个使团是由答儿麻监藏（Darma-rgyal-mts'an）率领的,此人在1345年第二次来到西藏。[4] 其随行人员有多杰绛副使（rDo-rje）、阿完不花金院（A-swan sBo-k'a？院,也先不花［Esen Boqa］）和其他人。他的工作有三方面内容:整顿夏克（Śag）驿站,恢复纳里速（阿里）的秩序,以及在藏地三区喀实施一次新的人口复核。当他抵达时,他事实上拒绝开庭审判雅桑和帕木竹巴之间的纷争,而立即前往纳里速,当时在那里爆发了一场叛乱。在此情景下,他的行为是对于元—萨迦行政管理办法的蔑视。他和他的同事,随身携带着一道皇帝宽恕纳里速领主（mṅa'-bdag,也就是芒域贡塘的统治者）和项堪布（Žaṅ mk'an po）的札撒,规定他们在四十天之内前来自首,不按此办理,他们将受到十分严厉的惩罚。仅仅在皇帝圣旨公布十八天之后,项堪布（Žaṅ mk'an po）就和他的儿子向本钦甲瓦桑布自首。三天之后,他们公然违背皇

---

〔1〕GBYT,第2卷第76页a面至77页a面;LBT,第117页和120页。

〔2〕LBT,第122页。

〔3〕HD-1,第12页b面,这一叙述完全抄自同时代和以后的,自GR开始以来的年代记;参阅Sørensen,第234-235页。

〔4〕正确的日期是由LANG的拉萨版提供的;印度版是1357年,它是荒谬的。

帝圣旨,项堪布父子及其随从均被处死。这一卑鄙的背信弃义的行为
被掩盖起来,一份请愿书呈给皇帝,要求赏赐并晋升答儿麻监藏和甲瓦
桑布的官职。皇帝使者可能记得这件事,那时在一封信中,他提出,除
了那些专心于学问的人(mkʼas btsun)之外,所有的家族(gduṅ brgyud,
纳里速叛乱者的家族?)将被流放,由布顿保存下来的这封信显然被截
去几行。[1] 他完成了纳里速的工作之后,在返回途中,答儿麻监藏经
过雅隆。这时,绛曲坚赞向他展示了所有于己有利的官方文书。答儿
麻监藏被说服,甚至感到惊异,而且断定,有了这些依据,根本就不必去
打官司。尽管这些话语是善意的,但是,从他的访问中却也并没有得到
切实的结果。[2]

就在这个时候,公开的武装冲突突然爆发,在 1346 年 8 月 23
日[3],帕木竹巴遭到雅桑人聂(gÑal)和艾(E)的军队的进攻。在初战
成功后,他们被绛曲坚赞的勇士们击退了,并被彻底地战胜了。接着,
帕木竹巴同意停战,通过交换人质来做担保。[4]

这样,他们自己的军队被证明是不称职的,雅桑人遂求助于尚在纳
里速的本钦甲瓦桑布。本钦征求喇嘛衮邦巴(Kun-spaṅs-pa)[5]和萨迦
议会官员的意见,他们一致同意委任绛曲坚赞年长的受尊敬的宗教老
师喇嘛娘麦巴(mÑam-med-pa)为调解人,后者简单地叙述了和双方当
场商谈的情况,然后,听证会延期一个月,因为,关于这一问题的所有文

〔1〕关于项堪布的事迹,见 LANG 第 460 页和 635 - 636 页;B. Lett. 第 98 页 a 面。
〔2〕关于答儿麻监藏使团的主要史料是 LANG 第 357 - 359 页。在他第二次到西藏旅行之
后,他继续他在官场辉煌的经历。在 1354 年 1 月 16 日,他被任命为地位很高的陕西平章和宣政
院分院院使的职位,兼有镇抚西番人的职责,YS 第 43 卷第 913 页。在此时的藏文文献中没有提
到他,而且他的活动显然限定在东部藏区。1355 年 8 月,他成为知枢密院事,他和另外两名官员
受命为在中国中部(应为中兴——译者)服役而招募军队,YS 第 44 卷第 926 页,答儿麻监藏平章
在 1360 年依然活着,HD - 2 第 118 页。
〔3〕这是在 LANG 中文版的日期(火狗年);印度版的日期误作土狗年的 1358 年。
〔4〕LANG,第 360 - 362 页。
〔5〕喇嘛衮邦巴却札班在导致萨迦政权丧失的事件中起到突出的作用,见 LANG 一书各处和
BA 第 214 页,第 777 页,第 785 页,第 838 页和 1045 页。但是,除了知道他是本钦云尊的哥哥,并
因此属于绛巴家族,他享有国公封号并建立了贝桑丹(dpal-bzaṅ-ldan)寺院之外,我们对他的身世
背景和他的经历知道得很少,BYANG 第 3 页 b 面,LBT 第 119 页,DCBT 第 149 页 a 面。

书均保存在萨迦。[1]

同时,衮邦巴和甲瓦桑布设计出一个方案:杀害绛曲坚赞、攻占乃东及帕木竹巴万户,将雅桑、帕木竹巴和唐波且合并为一个由本钦直接控制的特殊地区,这一方案得到蔡巴的支持。面对这一严重的胁迫,绛曲坚赞给本钦写信否认自己对萨迦有不忠的意图,但是,这是毫无作用的。有关合并的计划,我们还未听到更多的消息,假装的公平的判决得以维持。在南杰宗(rNam-rgyal-ts'oms,在乃东的下面),本钦首先逮捕了帕木竹巴的随从班仁(dPal-rin),接着逮捕了绛曲坚赞和雅桑巴,把他们置于隔离的地区。[2]

在甲瓦桑布公开出现之后不久,他命令绛曲坚赞交出乃东,并把该地作为蒙古军都元帅阿善噶雅(也先哈雅,Esen Qaya)的官署所在地。然而,他轻率地同意熏奴桑布离开,毫不怀疑地指望他控制乃东城堡(sNe'u-gdoṅ)。这位忠实的管家,真的来到要塞,但是,仅仅把它作为一个防御地来布置。在那里,他和其他的官员拒不接纳也先哈雅都元帅,后者只好自己住在城堡脚下的行政机关大楼南杰姜卡(rNam-rgyal lCaṅ-k'a)中。绛曲坚赞预见到即将要发生什么,并且知道本钦试图从他那里索取一份放弃这个城堡的命令。于是,他施设诡计,烧毁他的官印,而他被逼发布的任何手令只有加盖这一官印才能生效。在几天,雅桑巴被宣布无罪释放,接着,唐波且巴也被释放。班仁也获得自由,这样,他可以执行他的主人的使其城堡投降的命令。但是,绛曲坚赞接着又秘密地给他带信,要旨是不要理会什么命令。结果,熏奴桑布继续坚守他的岗位。[3]

在这种情况下,本钦求助于肉体上的暴力。绛曲坚赞被剥去衣服,绑了起来,并被抽打七十鞭。在后来的日子里反复这样做。他总共被抽打了135鞭,鞭伤在几个月里使他的生活变得痛苦不堪。他还被当

---

〔1〕LANG,第363-365页。

〔2〕LANG,第366-373页。

〔3〕LANG,第374-386页。大概在这一时期甲瓦桑布的儿子札巴坚赞围攻达那宗,GBYT第2卷第81页b面把这一事件置于1346年秋天。

众羞辱,尽管由于洛本钦波索南罗追坚赞(slob-dpon c'en po bsod-nams-blo-gros-rgyal-mts'an)的访问,他的痛苦稍微有所减轻。本钦不敢再打他了,但是,在警卫队的押送下,把他的囚犯(绛曲坚赞)送到靠近萨迦的一个小地方。那是一次非常痛苦的旅行,大暴雨和灾难性的洪水增添了更多的苦痛。[1]

与此同时,本钦带着他的军队开向热隆(Ra-luṅ),去那里建立他的权威,并倾听人们对所遭受冬仁(Duṅ-reṅ,见下文)入侵蹂躏的实情的控诉,此事发生在1347年2月。[2]

在这一时期,旺尊到达达木并接任甲瓦桑布的本钦职务,有关旺尊在前几个月的活动,我们一无所知,他可能去过北京。[3] 在那时,包括帕木竹巴堪布在内的一些人,因为不满给予一位最重要的贵族成员如此野蛮的待遇而进行抗议。最初,公众舆论这一不断增加的支持,并没有改变绛曲坚赞的命运,他依然被关押了好几个月,直到每个人被这件长期拖延的事搞烦。我们从其他资料中获知,甲瓦桑布对他的免职怀有怨恨,遂与帕木竹巴达成秘密协定。[4] 随着他的支持,寻求并找到了走出死胡同的方法。首席喇嘛(没提名字)做出临时判决,依据这一判决,绛曲坚赞获得有条件的自由。玛吉巴(Ma-gcig-pa)[5]和喇嘛娘麦巴(mÑam-med-pa)是他的担保人,他答应只要萨迦传唤,他本人立刻赶到那里,以便接受最后的审判。这一解决是1347年12月19日在博东艾(Bo-doṅ E)地方实现的。[6] 在1348年初,他在古如岗(Gu-ru-saṅ)见到了首席喇嘛,接着,他终于能够返回到乃东,在途中受到他的领地上的百姓的热情欢迎。[7]

绛曲坚赞的官员们立即提出了关于他在被强迫下同意签订条约的

---

〔1〕LANG,第387-395页。

〔2〕RLSP,WA函第36页b面。

〔3〕LANG,第397页。

〔4〕DMS,第207页。

〔5〕"Ma-gcig-pa"也出现在 B. Lett. 第98页b面,但是其他地方好像并不知道。

〔6〕LANG,第399页。

〔7〕LANG,第400-404页。

101

·欧·亚·历·史·文·化·文·库·

合法性问题,熏奴坚赞和其他的官员坚持主张他不理会萨迦的任何传唤。绛曲坚赞最初不同意,接着,他自己被说服了,最后他同意保持或者恢复万户长的职务,他考虑的仅仅是他的属民的幸福利益。在一段很长的演讲词中,他突出地强调关心他的居住地乃东和他的百姓,以及对于旺尊(dBaṅ-brtson)始终如一的忠实的态度,尽管被病态地报复。[1]

局势显然导致一个最后的一决雌雄。旺尊通过虐待帕木竹巴的侍从来展示他的毫不减弱的敌意。当返回萨迦时,他即开始准备作战,同时,他又派人向朝廷呈上奏疏,告发绛曲坚赞谋反。这时,本钦认为情况十分紧急,也组织了一支大规模的作战部队。

这个全西藏的计划标志着事件的转折点。从此以后,它不再是萨迦政权裁决下的邻居之间的一个争吵,雅桑不再重要,而且他作为绛曲坚赞主要对手的位置,由本钦自己代替,蔡巴予以全力支持。蔡巴在乌思地区控制着一块很大的地区,其中心位于包括拉萨市在内的吉雪(sKyid-śod)。他们拥有这些地区得到了忽必烈所赐予的特许权,他们所控制的地区,包括堆龙(sTod-luṅ)、扎齐(Gra-p'yi)和多布(Dol-po)、琼波('P'yoṅs-po = 琼结,? 'P'yoṅs-rgyas)、甲曼(rGya-sman),而且,理论上也包括艾(E)、达(Dvags)和聂(gÑal),然而,在那里从没有生效。[2]

旺尊从乌思藏和纳里速招集所有蒙藏执法先遣部队(称玛,k'rims dmag)[3],把这一支庞大的军队开进多隆巴(Dog-lum-pa),面对极为严重的威胁,致使绛曲坚赞在门噶尔扎西董(Mon-mgar bKra-śis-gdoṅ)建筑起坚固的要塞,并把他的军队聚集在那里。[4]

---

〔1〕LANG,第405－416页。

〔2〕HT5D,第62页a至b面(＝TPS第629页)。

〔3〕旺尊的军队被称为"K'rims-dmag"(称玛),这一术语可以作两种解释:其一,它的意思是"法律的军队",也就是军队有维护法律规定所赋予的攻击叛乱者的职责,但是,在这方面绛曲坚赞不会使用这一术语,没有"告诫"一词。否则其二,它就是指"军队依据法律而得到补充",也就是每个万户有责任依据蒙古法律向宣慰司提供所征募的兵员。我想第二种解释更为合适。

〔4〕LANG,第417－418页。

在 1348 年 8 月 26 日，旺尊的军队进抵门噶尔阵地前沿，一队帕木竹巴的哨兵在帕巴那（P'ag-pa-sna）值勤，尽管总计只有二十个人，但他们在钦地（Byin）隘口成功地狙击了进攻的敌人。数日之后，由熏奴桑布率领的帕木竹巴的军队，在伦布登（Lhum-po-steṅs）对萨迦军发动了一次夜间突袭，出现了一场惊慌的局面，本钦被迫撤退。熏奴桑布切断了敌军之间的联系，并迅速开往唐波且，那里驻扎了蔡巴、羊卓巴和雅桑巴的军队。接着发生的一场会战，帕木竹巴获得了胜利，他的"勇士"（布达，意思是"小马"，bu rta）尤为英勇。[1]

在这一胜利之后，紧接着进军琼结（'P'yoṅs-rgyas），夺取了这块领地，并大肆砍伐这里的树木，在当时，在一次野蛮和毁灭性的战争中，这样做好像并不稀奇。然后，帕木竹巴军转向西部，进攻扎齐（Gra-p'yi）。在那个村庄的邻近地区，他们遇到蔡巴军队的主力并与之交战，还接受了少数雄巴（g Žuṅ-pa）分遣队的投降。[2]

在此时刻，蔡巴万户长在返回堡垒之后，恳请洛本钦波索南罗追坚赞（slob-dpon c'en po bsod-nams-blo-gros-rgyal-mts'an）的调解。后者曾调解过一次停战，并且负责调查有关绛曲坚赞对扎齐（Gra-p'yi）河谷要求的权利，该地此时正在他的合法监督（dpaṅ lag）之下。[3]

发生在 1348 年晚夏的这些事件，给局势带来一个变化：每个人都清楚，从此以后，绛曲坚赞已经不再是一个面临生存威胁的小的封建领主，而是在领地争夺中崛起的势力，以同等的条件来与本钦对抗，尽管他口头上仍表示效力萨迦教主。然而，在此时此刻尽管本钦（尚未确定）多次失败，但他傲慢地拒绝了所有和平的建议，并努力加强他的军队。在这一行动中，他完全忽略他对安排洛本钦波（洛本钦布）旅程所负有的责任，皇帝召请此人前往朝廷。这一点，自然导致他失去那位受人尊敬的僧侣的支持。这样，可能就没有什么希望得到来自这一方面的支持了。旺尊亲自动身前往止贡，在那里他谋求堪布和贡巴（sgom

〔1〕LANG，第 418－422 页。关于"布达"（bu rta），参看上文第 59 页。

〔2〕LANG，第 422－426 页。

〔3〕LANG，第 426－427 页。

pa,行政长官)贡噶仁钦(Kun-dga'-rin-c'en)的支持,他们对他的理由表示了同情,但是,要等到作战时才可能进行调解。[1]

护法军向帕木竹巴开进,好像想要做最决定性的努力。绛曲坚赞集合了来自他的万户和雅堆(Yar-stod)的所有可以利用的军队,但是,在将各路军队聚合起来时历经艰难。门噶尔(Mon-mgar)要塞依然坚固不破,除了蹂躏整个河谷,砍伐森林,毁坏房子,以及烧毁寺院之外,本钦没有找到制服其抵抗的有效的方法。这一时期,绛曲坚赞转而求助于洛本钦布的调解,他起初犹像,但是,后来为了这一目的而横渡过雅鲁藏布江,来到昌珠(K'ra-'brug)。本钦和他的同盟者不得不向他致以敬意。这样,战事就被拖延。旺尊把他的部队分割为若干支队,以便保障食物和饲料的顺利供应。绛曲坚赞立即抓住机会,再次夺取土地(1349年4月19日)并收复了他所失去的大部分领地。[2]

在洛本钦布索南罗追坚赞的调解中,都元帅多杰夹(rDo-rje-sky-abs)是实际的协商者,谈判未有进展。蔡巴感到疲惫,寻求谈判条款。绛曲坚赞要求割让扎齐(Gra-p'yi),放弃对琼结的要求并将蔡巴万户长仅有的儿子交出作为人质。这些苛刻的条件未被立即接受。但是,本钦的活动似乎是没有效果的,绛曲坚赞强令他的军队占领扎齐、多布(Dol-po)和雄(gǮuň)[3],继续推进到翁('On),胜利实现穿过乌思南部地区的任务。与此同时,本钦在多隆巴(Dog-lum-pa)努力赢得一些小的胜利,然而,最终,对于调解者的公正的裁决感到绝望,他撤回了军队,执法军(k'rims dmag)显然消失了。从现在起,他开始进行防御,而帕木竹巴则成为乌思地区最为强大的军事势力。[4]

在1350年2月,绛曲坚赞占据了贡噶(Goň-dkar)这个雅鲁藏布江

---

〔1〕LANG,第427-430页。

〔2〕LANG,第432-434页。旺尊和绛曲坚赞部队的进军及转移在NYOS中也简单提到,见第26a-b。

〔3〕多布(Dol-po)和雄(gǮuň)是两条小的河谷,它们流向扎(Gra)和雅隆之间的雅鲁藏布江。

〔4〕LANG,第435-441页。依据所有的藏文历史著作(无须详细引证它们),绛曲坚赞在1349年侵入并征服了乌思或者它的大部分。这只是部分正确。那一年确立了他的命运,但是,他用两年多的时间在乌思最终确立他的权威。

上的要塞,它是整个地区战略上的关键。另一项调解是由多康的囊巴札巴班(Naṅ-pa Grags-pa-dpal)和西部泥婆罗(尼泊尔)的雅孜(Ya-rt-se)统治者的使者尝试的。[1] 他们签订的这一份协约是暂时的,在 4 月里,旺尊的布达(勇士,bu rta)即背信弃义地进攻贡噶,在那里,许多人在试图游泳横渡雅鲁藏布江时被杀戮或者被淹死。反击是迅速的,绛曲坚赞继续展开他对藏拉雅堆(gTsaṅ-la yar-gtogs)和雅贡塘(Yar Gguṅ-t'aṅ)的进攻。蔡巴最后投降,并以他的独生子作为人质抵押。[2] 这意味着蔡巴万户作为一个政治上的实体的结束。[3] 它丧失了大片的土地,已经不再是西藏政治中的重要因素了。作为蔡巴的一部分的现在的拉萨市,这一次在转归帕木竹巴统治之后,委托给杰热堪布(Gye-re)管辖。[4]

这使绛曲坚赞直接和止贡人发生了联系,后者在 1290 年恢复起来,也是需要对付的一股势力,它当时由贡巴贡噶仁钦(sgom pa Kun-dga'-rin-c'en)管理。绛曲坚赞访问了他,并且阐明他在下面明显非法反对本钦的缘由,然而,止贡不赞同他对蔡巴和甲玛的侵略,因而双方未能达成协议。[5]

在 1350 年初,西藏僧侣界的重要领袖在绕尊(Rab-btsun)聚会,商讨实现全面和平的可能性,布顿也出席了会议。在都元帅和贡巴(sgom pa)发出安全保护后,绛曲坚赞参加了会议。他发表了一个冗长的演说,详细叙述了有关帕木竹巴和萨迦之间在过去正确的关系,并且为他当前与止贡在多年亲密关系之后的争执而惋惜。当时,除了要放弃敌对这一条保证之外,没有达成任何协议。[6]

---

〔1〕我们从若干资料中弄清楚,雅孜(Ya-ts'e)的国王札替维玛拉(Pṛthivimalla)给萨迦和拉萨的主要寺院送去了贵重的礼物,参阅伯戴克 1980 年 c,第 97 – 98 页。LANG 提供了这一出使的精确日期 1350 年。

〔2〕LANG,第 442 – 443 页。

〔3〕DMS,第 194 页;HT5D,第 63 页 b 面(= TPS 第 630 页)。

〔4〕NYOS,第 26 页 b 面。

〔5〕LANG,第 443 – 446 页。关于止贡和帕木竹巴在这一时期的关系,参阅史伯岭 1987 年第 38 – 39 页。

〔6〕LANG,第 448 – 467 页。

萨迦的权力被绛曲坚赞所轻视,而且,他的不断增大的成功,已引起帝国政府的注意。令人怀疑的是,它是否完全领会了最近几年所发生事件的重要性。总之,重要的是必须采取行动搜集直接信息并且试图消除在中部西藏广泛存在的不安定因素。于是,便迅速派出一个包括有一位王子(rgyal bu)和一位宣政院的长官(院巴,dben pa;汉文"院使")的高级使团。我们的主要资料(《朗氏宗谱》LANG)没有提到其名字,但是,另外两份文献告诉我们,王子叫做衮却巴(dKon-mc'og-pa),而院使名叫南喀班(Nam-mk'a-pan)。[1] 衮却巴(dKon-mc'og-pa),可能是王子的名字,"剌忒纳"(Ratna)或者"剌忒纳失里"(Ratnaśrī)的藏文翻译(蒙,Aratnasiri),此王在 1332 年带走第二世噶玛巴让迥多吉(Raṅ-byuṅ-rdo-rje),以作为他的宗教老师,而且在 1356年向第三世噶玛巴若贝多吉(Rol-pa'i-rdo-rje)赠送了礼物。[2] 我们在某种程度上能够把他和铁木而不花的孙子阿剌忒纳失里(Aratnasirī)勘定为同一个人,后者在 1328 年被任命为西安王(Hsi-an),并在 1329年成为豫王(Yu)。[3] 在 1330 年,他前往镇压了西蕃的一场叛乱。[4] 1356 年,他驻扎在陕西(Shensi)[5],而且可能从那里他把礼物赠送给噶玛巴。在 1350 年中期,他由他的弟弟(spun),也就是乞八(Kiba)或者亦失班(Iśibal)陪同在西藏旅行。[6] 至于南喀班(Nam-mk'a-pan),他的名字第一次出现在 1334 年,当时,同知(t'ung-chih)南喀班,是在涉及佛教经典中,僧人中峰(chung-feng)著作汇编的一道命令中被提及的。在此后的 1336 年,长官南喀班同知的弟弟给噶玛巴带来一封寡居皇后的邀请信。[7] 在 1347 年,他作为达鲁花赤被派往西藏。[8]

该王在多康曾逗留过一段时间,但是,地位较高的院使(dben

---

〔1〕RLSP,ZA 函第 13 页 a 面;BRNT,第 92 页 a 面。

〔2〕KARMA,第 108 页 b 面,第 175 页 a 面;HD-2,第 101 页,第 111 页;KPGT,第 477 页。

〔3〕关于阿剌忒纳失里王(Aratnaśiri),参阅伯藏克 1990 年第 246 页。

〔4〕YS,第 34 卷第 757 页。

〔5〕YS,第 44 卷第 932 页。

〔6〕阿剌忒纳失里王的弟弟,只是在 YS,第 35 卷第 783 页,1331 年条下提到过一次。

〔7〕KARMA,第 111 页 a 面;沙畹(Chavannes)1904 年,第 433 页。

〔8〕LANG,第 383 页。

rgan），也就是南喀班，在他之前到达西藏。由于止贡是从北方来的路上第一个遇到的万户，他首先对贡巴进行了访问，他与他商讨了局势。[1] 接着，绛曲坚赞在贡塘（Guṅ-t'aṅ）也见到他们两个人，当贡巴返回北方迎接王子时，他向院使报告了争执的详细情况。事件发展得更加复杂，当它变得表面化时，在皇帝的使团内部又缺乏总体上的统一。依据宣政院的规定和一道札撒，院使是宣政院的分支机构（分院）的首脑，有品级和大印。以这样的身份，他的权力在该王身份之上。然而，这位王子带来一道文书（"别儿哥"sbel ka；蒙古文 belge），它使他独立于宣政院之外。[2] 如果这两个人即刻发生冲突，这不足为奇。他们的争执突然升级，完全变成公开的仇恨，把蒙古各个派系之间的争执带到西藏，使帝国的管理机构分裂。

绛曲坚赞对院使怀着极大的尊敬，而后者在返回时也建议他亲自或者至少派遣一个使者前往朝廷申请官职，为了实现这一目的，他答应给予支持。绛曲坚赞接受暗示，并且派遣协绕多吉（Śes-rab-rdo-rje）和康琼旺曲（K'ams-c'uṅ dbaṅ-p'yug），在院使的一位蒙古侍从的陪伴下前往朝廷。他们受到首席部长（丞相）的召见，并获准拜见了皇帝。他们所获小于预期，也就是说，宣政院发布一道文书，给该万户两块银印，部分地免除了劳役和其他小的特权。[3]

南喀班院使试图采取公平的举措，他请绛曲坚赞放弃他对扎齐和琼结的要求。在得以检查了旭烈兀的旧时文书之后，他进一步确认了帕木竹巴对唐波且的占有权，但是，在其他方面，则明显地更对蔡巴有利，而且，止贡也抓住这个有利时机，占了几块土地。[4]

在一段时间之后，阿剌忒纳失里王子也来到中部西藏。他命令绛曲坚赞给他应有的效忠礼遇，而后者拒绝这样做，声称他对院使已经如此做了，这已是足够了。这一傲慢无理的举动，自然引起该王的敌对情

〔1〕LANG，第 459－460 页。
〔2〕LANG，第 467－468 页。关于阿剌忒纳失里王和他的蒙古扈从一起访问热隆，参看 RL-SP，ZA 函第 13 页 a 面至 14 页 b 面。
〔3〕LANG，第 468－473 页。
〔4〕LANG，第 473－476 页。

绪。他允许贡巴占领贡噶。该王的护卫队（怯薛，res pa；蒙古文 kes̀ik-ten）和止贡的护家军（bza' dmag）开进藏拉雅堆（gTsaṅ-la yar-gtogs），以他们的方式焚烧和抢劫。[1] 同时，阿剌忒纳失里遇见了院使，并且在他们之间发生真正的争吵。该王从南喀班手中夺走了他的大印和札撒。接着，他在自己的权限之内，开始在乌思藏蒙古行政机构的上层进行全面的改革。他委任他的亲信侍卫定久（Dingjǔ）为乌思藏蒙古驻军指挥（都元帅）。出于不为人知的原因，他免除了本钦的职务，并重新任命甲瓦桑布为本钦。[2] 他们一起前往贡噶。

绛曲坚赞为他的辖区的防卫而做准备工作。他还向院使提供了一支卫队，使院使置于他本人的保护之下。但是，现在他反对他的建议，并决定返回雅鲁藏布江以北。当时，住在岳森康（Yol gZims-k'aṅ）的该王，试图捕获院使，但是，他的人陷入了一个埋伏而被迫应战，王子的五名保镖（res pa）被杀身亡，更多的人受伤，该王逃到堆龙浦（sTod-luṅ-p'u）。其时，院使和帕木竹巴的士兵跟着他到了那里，他放弃拉萨地区而撤退到盆域（'P'an-yul）。在那里甚至也没有获得安全，他打算向更远的当拉（gDaṅ-la）逃跑，但是，都元帅熏奴坚赞劝阻他，说服他会见并与院使达成和解。[3]

这些发展明显增加了当时乌思北部的首要势力止贡的担忧，止贡行政长官，高级贡巴贡噶仁钦，去援助该王，而随着他的支持，后者才能返回到南部地区。当然，止贡和帕木竹巴之间的关系现在十分紧张，而且由于在多热（rDo-ra，也就是"多"Do 河谷）的占领权的争执而爆发公开的冲突。帕木竹巴占了上风，该王再次逃跑，这一次来到楚达（mTs'ur-mda'），此地显然接近噶玛巴的住地楚布（mTs'ur-p'u）。[4] 在此之后，他从这一局势中消失。很明显，他已厌倦了西藏并返回到汉地，这事显然发生在 1351 年。院使待的时间稍长，在 1352 年，南喀班院使在

---

〔1〕好像旺尊在这儿也参加了，RLSP，ZA 函第 13 页 b 面至 14 页 b 面。

〔2〕LANG，第 476－477 页，参阅 497 页。LANG 的两种版本提供了被免职本钦的名字，作"旺曲班"，这应该是一个错误，在那时，本钦显然是旺尊。

〔3〕LANG，第 477－482 页。

〔4〕LANG，第 482－486 页，参阅 498 页。

楚布向噶玛巴告别。[1]

　索南罗追坚赞和(前任)本钦旺曲班(dBaṅ-p'yug-dpal)试图在帕木竹巴和止贡之间进行调解。当一群从麦卓(Mal-gro)侵入翁浦('On-p'u)的止贡士兵点燃了河谷的森林时,他们安排的短暂的休战被破坏。帕木竹巴去援救并把它的旗帜树立在翁地('On)的扎玛塘(Bra-ma-t'aṅ)。绛曲坚赞把一封措辞强硬的信送给了小贡巴释迦桑布(Śākya-bzaṅ-po),使局势变得更坏。帕木竹巴的住持堪布试图向他的止贡同行提出和平建议,但是,后者拒见他的使者。因此,一场摊牌变得不可避免。贡巴带领他的军队向南进入翁浦('On-p'u),一场决定性的战斗在扎果(Bra-sgor)展开[2],以止贡军队的最后惨败而告终,它遭受沉重的损失。贡巴贡噶仁钦被允许逃出。小贡巴从盆域('P'an-yul)招集军队来拯救止贡,在孜卡(rTse-k'a)被打败。在两次会战中,共有363人被俘。无论如何,绛曲坚赞不想把他的利益推进得太远,遂以达成一项协议而告终结。依照这一协议,俘虏在双方的边界被释放。贡噶仁钦在这份协议上盖上印后不久就去世了。释迦仁钦接任他的职位,成为高级贡巴。这些事件损伤了止贡的军事力量。他们可以愤怒地保持敌意,但是,已经结束了对绛曲坚赞最高权力的公开反对。[3]

　在这次重大的胜利之后,这里出现了绛曲坚赞政治活动的间隙。这大概是他统治乌思地区的巩固时期。此时,他忙于捐资在雅鲁藏布江江边上建造泽当(rTse-t'aṅ)大寺,该寺的堪布们继续属于他的家族世系。这一工作开始于1351年,并在次年完成。[4]

　实际上,那些年在西藏最南部地区也有些小规模的战争,在那里,帕木竹巴没有参加。这一地区原来属于冬仁(Duṅ-reṅ),它是喜马拉雅山北麓盗匪,一个不引人注目的小集团。他们划分为两个部分:南部冬

---

[1]HD-2,第110页。

　　[2]这个扎果(Bra-sgor)自然是在"翁地",而且,不能与在"聂地"的同名的著名寺院相混淆。

　　[3]LANG,第486-495页,参阅史伯岭1987年第38页。附带有绛曲坚赞给止贡参政议员的一封信,告诉我们有关战争对商业和农业方面影响的一些有趣细节。

　　[4]关于泽当(rTse-t'aṅ)大寺的创建,参看BA第1082-1083页。在LANG中,记事被归属于书末的附录一类之中(第812-818页)。

109

仁(洛冬,Lho Duṅ)在娘堆(Ñaṅ-stod)山地,地处春丕(Chumbi)河谷及西部不丹的哈(Ha)和巴若(Paro)地区,而东部冬仁(夏尔冬,Śar Duṅ)位于洛扎(Lho-brag),大约延伸到门隅(Mon-yul)和东不丹。早在 1340 年,他们的袭扰活动就迫使萨迦政权发动战役以反击南部冬仁。战争获得了完全的胜利,冬仁被镇压,并且在这里进行人口调查,依照命令将他们置于中部西藏的行政管理之下。这一成功却并不是最后的胜利,在 1347 年,动乱再次发生,而且变得更糟。于是,在 1351 年,对其进行联合反击成为必然的事。这时,萨迦政府被忽视。乌思和藏地的万户把军队集合在一起,分为三个小分队。冬仁首领顿珠达(Don-grub-dar)被迫率军向东撤退,而他的百姓中的两派分成各自独立的部分。在 1352 年,南部冬仁由于他们的首领在帕里(p'ag-ri)被惨杀而遭到致命的打击,他们最终在两年之后被征服。顿珠达和东部冬仁发现,上策是自首并请求予以宽恕。在 1353 年达成一份协约,东部冬仁的首领们开始作为下级官吏,为江孜(rGyal-rtse)的统治者帕巴班桑('P'ags-pa-dpal-bzan)服务。关于他们后来的情况,没有听到更多的东西。[1]

1351—1353 年的战役,使帕巴班桑('P'ags-pa-dpal-bzaṅ)在娘曲(Ñaṅ-c'u)河谷上升为一个有影响的位置,从而为江孜“王国”的建立做好了准备。他和他的家族一直是萨迦和蒙古的忠实臣民和支持者,直到元末,尽管他们从未阻止帕木竹巴势力的不断增长。

正如早已说过的那样,绛曲坚赞对这些偶然发生的事情没有注意,那些只不过是在崎岖多石,人烟稀少的山区地带的事件,他对此未作记述。

同样着力的另一件事,是搠思班的孙子镇西武靖王卜剌纳(Prajna)的西藏之旅。他在 1353 年在夏鲁访问了布顿,从他那里获得教诲,并且在返回时许诺,在他的辖区内将宽大处理犯罪之人。[2] 此王好像

---

〔1〕参阅我的论文“冬仁”(Duṅ-reṅ),即将载于 AOHung 中。

〔2〕LBT,第 139 页。关于卜剌纳王(Prajna)以及与这一个名字相关的语言学上的问题,参阅伯藏克 1990 年,第 267 – 268 页。

不顾他的祖先在中部西藏所享有的特殊地位,而放弃了在那里的政治活动的权力。同一年,布顿本人花费很长时间去访问萨迦,与昆氏家族的喇嘛交换宗教论说。[1]

在1353年7月,对绛曲坚赞在乌思新建立的政权来说,是最后一次挑战。萨迦参政议会最有影响力的成员之一、喇嘛衮邦巴(Kun-spaṅs-pa)给止贡派去增援,并由止贡、雅桑和囊巴札旺(naṅ-pa Grags-dbaṅ)做最后的努力,联合作战。绛曲坚赞遇到危险,慎重地重新部署他的军队。他的防卫战略是成功的,同盟军被迫撤退,在向后撤退时往往是焚烧和破坏,甚至桑耶寺也被卷入这一命运。囊巴札旺自己驻扎在拉萨的郊外,在那里他占据仲巴日(Grom-pa-ri?)。当时,帕木竹巴占据着甲喀日(lCags-kʼa-ri,大概是铁围山,lCags-po-ri)。其时,时断时续的交战仍然在继续,一支由雅桑万户长本扎沃(ʼBun-grags-ʼod)率领的来自聂地(gÑal)的约850人的队伍,从东南方向帕木竹巴发动进攻,推进到伦布孜(Lhun-po-rtse)。他们在那里被包围,不得不投降。此战结束了雅桑的最后努力,该万户无法挽回这一损失,它的大部分领地转归到绛曲坚赞的手里。[2]

在此之前,喇嘛胆巴索南坚赞(Dam-pa bSod-nams-rgyal-mtsʼan)想把局势控制在他的手中。他给绛曲坚赞写信,建议为在他和本钦甲瓦桑布之间达成最后的和解而召开一次会议。我们注意到,后者好像没有参与最后几个月的战争。帕木竹巴的首脑没有反对这一计划,但是,他立即声明,将去迎接来自聂地(gÑal)的进攻,事情就在这年被搁置下来而未能解决。[3] 蒙古政府也许想通过授予封号来支撑他们逐渐减弱的影响力,派甲瓦桑布的侄子衮却仁钦(dKon-cog-rin-cʼen)[4]和都元帅熏奴坚赞(gŽon-nu-rgyal-mtsʼan)的儿子坚赞(rgyal-mtsʼan)到

〔1〕LBT,第140页。

〔2〕LANG,第501－508页。

〔3〕LANG,第508－509页。

〔4〕衮却仁钦和他的叔叔在这一世纪20年代来到朝廷,并在那里开创了一番不寻常的事业。在1339年,噶玛巴在大都会见他。他拥有"大元国师"的封号。GBYT,第2卷第76页a面;KAR-MA,第114页a面。

西藏,他们给本钦带来"司徒"的封号,并给熏奴坚赞带来"三都元帅"的带有印章的虎头纽,后者那时好像是宣慰司最主要的官员。[1] 衮却仁钦本人,在离开首都之前被任命为副使都元帅。[2] 事实上,皇帝的这些封号在那时已经失去其重要性。在那些年里,绛曲坚赞开始给他的官员中的杰出成员授予诸如"钦布"(c'en po)之类的新封号。[3]

在1354年新年庆祝活动之后,三方(喇嘛胆巴、甲瓦桑布和绛曲坚赞)之间的会议在贡噶召开,帕木竹巴扮演彬彬有礼的主人的角色。它是一个全新的局面。在1353年的斗争完全胜利之后,绛曲坚赞不再是审判中的被告,而是这个地区的一个强有力的人物。此外,来自萨迦方面的反抗是不可能的,而这次会议仅是单方面的事,结果是本钦投降,归顺绛曲坚赞。对于后者的控诉,如他历次数说的、他在前些年遭受的欺侮与经历的苦难,本钦谦卑地认错、道歉,并且承认帕木竹巴的最高权力和对若干地区的吞并。[4]

在这次会议之后,喇嘛和本钦返回吉雪(sKyid-sod),蔡巴的事情通过妥协的协约而得到妥善处理,依据这一协约,绛曲坚赞放弃甲喀日(lCags-k'a-ri)并拆除两座堡寨。然而,在襄巴家族一位成员指挥之下的仲巴日(Grom-pa-ri)驻军出现了反抗。由于蔡巴不可能(或者不愿)征服它,绛曲坚赞派去钦布聂仁钦桑布(sÑel Rin-c'en-bzaṅ-po),此人在五十天的包围之后迫使它投降。[5]

本钦一方的改变和拉萨地区反抗的被粉碎,具有深远的重要性。襄巴家族的主力军队转而反击本钦,并且进攻他的领地的总部香通门(Śaṅs mT'oṅ-smon),当时正在吉雪(sKyid-sod)的甲瓦桑布无所依靠,便求助于帕木竹巴"举起法律",换句话说,萨迦行政首领也承认帕木竹巴有权维护藏地法律与秩序。绛曲坚赞派遣他的一支军队,由他的

---

〔1〕关于熏奴坚赞的身世背景,见 LANG 第795–797页。

〔2〕LANG,第508–510页。

〔3〕本钦的封号始终是放在名字前面,违反藏文的句法结构。它应是蒙古文"eke"(也可)"大"的机械性翻译。此后,"钦波霍尔"一术语被普遍用于蒙文,"也可蒙古",汉文作"大元"。

〔4〕LANG,第511–521页。

〔5〕LANG,第521–523页。

知心朋友钦布(c'en po)仁钦桑布(Rin-c'en-bzan-po)带领,授予其全权。仁钦桑布迅速地向西部进发,中途与本钦的少量军队汇合,后者好像没有多大的作战价值。他到达香曲(Śaṅ c'u)河下游地区,香巴人在那里征集兵员,宣慰司的蒙古军在等着他。联军开始渡香曲河时,遭到囊巴人的袭击,帕木竹巴的步兵成功地在浅滩过河,在这一过程中遭受到沉重的损失。但是,最终敌人被击退并逃亡,有准备的反抗被瓦解。钦布准备直接向萨迦推进。然而,就在这一时刻,喇嘛娘麦巴(mÑam-med-pa)和项贝瓦(Žaṅ-dpe-ba)由索南僧格(bSod-nams-seṅ-ge)陪同来到营地,会见本钦甲瓦桑布,并使他确信过于极端是不合适的。自然,本钦不可能希望他的新联盟过于成功。尽管钦布不满,希望在萨迦驻守卫队,他还是同意停止军事行动。钦布难于用体面的举动来反对本钦的请求,因为他得到过本钦的支持,于是双方返回曲密,在那里,甲瓦桑布慷慨地酬谢帕木竹巴的统帅和他的士兵。[1]

也许,这些事件的后果之一是昆氏家族四个支系形式上联合体的瓦解,至此,他们的若干拉章只在萨迦联合体内存在着。在 1355 年之后,克尊(mK'as-btsun)的儿子贡噶仁钦(Kun-dga'-rin-c'en,1331—1399 年)和他的弟弟,在绛曲坚赞的保护下定居于曲密,从此之后,细托(gŽi-t'og)一系由此得名"曲密巴"。[2] 在 1354 年,堆却拉章(Dus-mc'od bla braṅ)的索南罗追坚赞(bSod-nams-blo-gros-rgyal-mts'an)从本钦贡噶桑布一个后裔那里买来达仓宗卡(sTag-ts'aṅ-rDzoṅ-k'a,具体地点不详)城堡山(rdzoṅ-ri),并且在那一年的 3 月 5 日(3 月 19 日)为城堡奠基[3],他的家族在那里获得永久居所并由此获得了第二个名字,尽管在正式使用中,旧的一个更为通行。[4] 所有这一切,在萨迦政体中导致一种倾轧和分裂的因素,在某种程度上推动了它的不断加剧

---

〔1〕LANG,第 523 - 531 页。参阅 HT5D,第 78 页 b 面(= TPS 第 637 页)。

〔2〕GBYT,第 2 卷第 85 页 b 面至 86 页 a 面。

〔3〕GBYT,第 2 卷第 28 页 b 面。

〔4〕达仓巴是一个名字,通过它这一家族的堆却支系为明朝所知。达仓的南喀勒贝坚赞在 1415 年被永乐皇帝授予"辅教王"的封号,他是最后一位白兰王的孙子,关于完整的问题,参阅佐藤 1986 年,第 236 - 239 页。

的腐朽。

总之,和平降临到遭受痛苦的地区,尽管萨迦主要的行政机构和宣慰司像从前一样继续存在,他们的权力却仅仅限于萨迦寺院地区。当时整个藏地直接或者间接转归绛曲坚赞的实际统治之下。藏文所有的编年史,都把这一事件置于1354年。

5.3 帕木竹巴的崛起:新政权的巩固

1349—1354年的事件,为帕木竹巴统治乌思和藏两个地区奠定了基础。然而,从现实政治的观点来看,它既不是稳固的,也不是最后的。从法治的角度来考察,它缺乏法律上的依据。就像皇帝权力依然无可争辩一样,乌思藏宣慰司依然发挥职能,至少在官方文件上如此,新的强势人物,还要继续侍奉萨迦喇嘛的权威。[1] 新的政体尚未完成,而只是勾勒出它的大致轮廓。绛曲坚赞的基本构想,是在暗地里损害各个万户的权利,并以堡寨(rdzoṅ,宗,但是,这一术语绝对未在《朗氏宗谱》中使用过)为基础,建立一个地方的管理人网(gzis k'a),由他的年长而宠信的仆从来掌管。[2] 在漫长的过程之中,这些地方的管理人成为世袭的,由此产生了新的贵族,与已经归顺的万户共存,然而,帕木竹巴的新政策,不能在这里讨论,因为它在当前的工作范围之外。

我们主要的(而且几乎是唯一的)资料,仍然是《朗氏宗谱》(LANG)。当接近它的写作时间(1361年)时,它变得越来越详细和散漫。它还表现出某些特点,诸如,着意增加在官方会议期间的礼节和座次先后顺序,还明显不提有关非萨迦教派的堪布和学者同皇帝朝廷的关系的情况。例如,噶玛巴若贝多吉(1340—1383年)的名字,他在1358—1359年应皇帝的召请前往朝廷,在这部文献中绝对没有出现。

〔1〕它表明绛曲坚赞把仁钦岗拉章的法王喇嘛胆巴索南坚赞看做是萨迦最重要的喇嘛。
〔2〕关于绛曲坚赞所建立的宗的名单,参阅 DMS 第210页。

在 1356 年[1]发生了一个严重的事件,也就是本钦甲瓦桑布突然被帝师贡噶坚赞的儿子却吉坚赞(C'os-kyi-rgyal-mts'an,1332—1359年)和他的异母弟、名义上的首席堪布洛追坚赞(Blo-gros-rgyal-mts'an,1332—1364 年)逮捕。文献用一句话来告诉我们这一事件。[2]

这一着,实际上是拉康拉章和拉堆绛的领主之间有重要意义的联合行动。这两兄弟属于拉康拉章(而且因此经常被称为"拉康巴",Lha-k'aṅ-pa),拉堆绛家族的首脑是南喀丹贝坚赞(Nam-mk'a'-bstan-pa'i-rgyal-mts'an)或者南喀丹巴(Nam-mk'a'-bstan-pa),通常称作"绛巴",或者(期望)叫做"绛巴本钦"(Byaṅ-pa dpon c'en)。他是多杰衮布(rDo-rje-mgon-po)最小的儿子,因此是本钦云尊的一个孙子。他早在年轻时就接受了拥有三品虎头纽的司徒等级的职位,并被任命为乌思藏的法官(札鲁忽赤)。后来,他接受"国师"的封号和带有水晶纽的金印。他第一次出现在 1352 年,可能是关于他的法官的任命。他立即表现出反对帕木竹巴,而与阿刺忒纳失里王子交往密切。[3] 在两个家族之间的相互联系,是由多杰衮布(rDo-rie-mgon-po)的堂兄弟,也是喇嘛洛追坚赞的舅舅——喇嘛衮邦巴提议的。

史料中丝毫没有暗示甲瓦桑布被捕下狱的原因和目的,我们只能推断,既然本钦完全转向绛曲坚赞一边,并成为他的支持者。逮捕他的用意在于,阻止帕木竹巴在萨迦行政机构内部安插有主要的拥护者,以遏制它的崛起。

绛曲坚赞审慎地驾驭新的局势。自然,假如仅仅是为了自己的威望的话,他应使本钦获释。他首先关心的是本钦的官印,它由其子札巴坚赞(Grags-pa-rgyal-mts'an)保管,当时札巴坚赞正在宗喀(宗卡,rDzoṅ-k'a)。他被召到仁蚌(Rin-spuṅs),他平安地到达那里。然后,绛曲坚赞开始从容地集中他的军队。他缓慢而谨慎的行动显然指望回避

---

〔1〕日期是在 GBYT 第 2 卷第 172 页 b 面提供的,写作水猴年 2 月 5 日,显然是火猴年之误。它好像指 1356 年 3 月 7 日。

〔2〕LANG,第 533 页;参阅 BRNT,第 104 页 b 面。

〔3〕BYANG,第 6 页 a 面;LANG,第 496–497 页。

一场军事上的冲突。然而,它为被囚者的侄子们的草率行动所干扰,他们走在布达(bu-rta)的最前面,袭击萨迦辖区的沿边地区。拉康巴和绛巴试图以割让一些领地来收买他们,但是未能奏效。随后,绛曲坚赞本人介入,将那些灾难的制造者们温和地加以拘捕。[1]

帝国的官员发现,他们自己业已处在棘手的境地。宣慰司最重要的官员[2],显然不知道他和他的官府如何妥善处理这一事变,遂向仁蚌出发,和北方军事驿站的指挥官们集合在一起。绛曲坚赞确信,至少帝国官员们是仁慈中立的,于是他召集了有喇嘛衮邦巴、拉康巴兄弟和绛巴参加的一个主要政治领袖的会议。狡猾的衮邦巴建议任命江孜的首领帕巴贝桑('Pags-pa-dpal-bzaṅ)为本钦,自然以皇帝的恩准为前提条件;但是,这一建议立即被拒绝。[3]

这次会议在许卓(Žu-'brog)召开,宣慰司的官员们[4]和受人尊敬的堆却拉章的喇嘛索南罗追坚赞(1332—1362 年)参加了会议。会上大量争论的只是一小点的礼仪问题,诸如,谁该鞠躬和向谁脱帽致敬。当工作真正开始时,聚集在一起的乌思地区的领袖们,无疑提出了他们的无条件释放本钦的一致要求。衮邦巴的所有企图完全落空,甚至没能获得一个拖延的机会,遂返回萨迦禀报,而会议则被延迟。[5]

随后,另一轮会谈由喇嘛夏尔巴(Śar-pa,未提供这个人的名字)发起,他依靠的是家族的荣誉,这个家族中曾有两位成员担任帝师;还得到帕木竹巴首领的年长的老师娘麦巴的支持。想来,在这种场合发表的冗长的演说显得有趣,因为他们要表明萨迦—元时期的历史是怎样由它的行动者和他们的后继者来评价的问题。但是,这一次辩论又

---

〔1〕LANG,第 533 – 536 页。

〔2〕那时,没有蒙古"都元帅"驻在西藏,熏奴坚赞作为"三都元帅"和三等虎头纽与六棱印持有者的身份方面,就其实际作用而言,他是帝国在西藏常设机构的最高官员,LANG 第 553 页。在 LANG 中,没有出现正式的"宣慰使"称号的持有者,只是提到"dben we si pa"(宣慰司巴),或者"dben we si"(宣慰司)的"mi-dpon"(长官),总是使用复数。大概"使"的职位是空缺或者甚至搁置不用。

〔3〕LANG,第 537 – 540 页。

〔4〕我们在这一联系中得知,某些蒙古军队仍然驻扎在西藏,LANG 第 555 页。

〔5〕LANG,第 540 – 545 页,第 552 – 557 页。

一次没有获得结果。绛曲坚赞坚持主张,从蒙古法律来看,拉康巴兄弟是反叛者,因此,应该依照由钦察台和答儿麻监藏带到西藏的皇帝札撒之有关条款进行处罚。[1]

夏尔巴把这种不妥协的回答带到萨迦,在萨迦召开有拉康兄弟参加的参政议会中讨论此事。但是,绛巴没有出席,他颇为怀疑他的亲戚们的意图,并担心他们会将他作为替罪羊。参政议会决定再次派遣喇嘛衮邦巴去商定一项妥协方案。该喇嘛与帕木竹巴进行了巧妙而又持久的协商。为减少紧张气氛,他甚至提议,甲瓦桑布的儿子札巴坚赞应该代替他的父亲,在萨迦做人质。这一建议被断然否决。但是,这个意见被帕木竹巴官员们以相反的想法采用,把衮邦巴拘捕并扣作人质;而绛曲坚赞不得不行使他的权力,将其解救出来。最后,衮邦巴作为一名正式信函(bca'hu,汉文"劄符")的信使被送回萨迦,此信由他联署,相当于一份要求立即释放本钦的最后通牒,这一份要求,是以钦布仁钦桑布统率下向前推进的军队作为后盾的。[2]

一切都完了。因为萨迦显然没有办法对武力敌对进行抗议,所以,拉康拉章被迫屈服是不可避免的。甲瓦桑布被喇嘛衮邦巴带到帕木竹巴营地。他在这里受到隆重和炫耀性的狂欢的接待,自然,其意在突出表现帕木竹巴胜利后的喜悦。这一事件以萨迦的被欺侮而结束,它最后的反抗企图彻底失败。绛曲坚赞没有流血获得这一成功,这是通过军事力量适当地展示和他的完美无缺的外交手腕的支持。详尽的过程包含在呈送给皇帝、向他报告这些事件的一份陈请书中。[3] 然而,似乎拉康兄弟因为他们的功绩而得到豁免,尽管这一点在《朗氏宗谱》中没有明确提到,而只是在另一段文字中间接提及。罗追坚赞可以保持他的首席堪布的名义上的封号,尽管帕木竹巴不如此看重他。却吉坚赞,可能认为他自己犯的错比其异母兄弟更大,他在同年即 1356 年前

---

〔1〕LANG,第 561－570 页。

〔2〕LANG,第 571－586 页;DMS,第 209 页。此信的日期在 GBYT 第 2 卷第 172 页 b 面给出,做 5 月 5 日,大致相对应于 1356 年 6 月 4 日。

〔3〕LANG,第 598 页。

往北京,在那里,他被任命为太子爱猷识理达腊的师傅,享有"大元国师"的封号,他1359年死于汉地。[1]

对于甲瓦桑布来说,现在像一个折断的芦苇,他郑重地提出归顺帕木竹巴,包括一份书面的忠实誓约并上交他的一些领地,甚至他的大印,也交给绛曲坚赞保管。他仍然保持着(至少看起来)本钦的封号,却被剥夺了任何的,哪怕是一点点的权力。[2] 他引退到香通门,在那里,他接受了噶玛巴若贝多吉的秘传。[3] 曾考虑过他的侄子衮却仁钦作为代理本钦,但是,由于皇帝诏令他为虎头印副使都元帅这项任命在西藏绝对没有颁布过,他的本钦身份是未被承认过的[4],而且,事实上他不包括在本钦的官员名单之列。

帕木竹巴的军事控制,是通过对曲弥的永久性占领而得以巩固的,尽管它形式上是细托拉章的一块领地。它是重要的驻防地,并且,安排多杰坚赞作为管家(gner),主要负责管理事宜。[5]

在1357年新年喜庆时,一位叫做伊劳(Yi-la'o,也许是一个封号而不是人名)的帝国使者来到西藏,他持有一道赐给绛曲坚赞"大司徒"官职和大印的皇帝圣旨。虽然这一封号不是很珍贵的,但在这里,它包含有绛曲坚赞在中部西藏显赫地位被皇帝认可的意味,而且,西藏人似乎把这一行动看做是新政体的合法化。与伊劳一道,却和他无关的另一位使者叫做鲁杰大使衮(ta śri mgon,汉文"大使官"),他带来一份文告,召请喇嘛索南罗追坚赞到朝廷去。[6] 这些皇帝的使者们,不管官位有多高,都不是受命管理西藏的,不能像钦察台和答儿麻监藏一类当权者一样,干预西藏行政管理,他们只限于召请喇嘛到朝廷的礼仪性的工作。元朝政府完全忙于攻击在中原汉地出现的叛乱,暗中放弃

---

〔1〕SKDR,第154页a面。

〔2〕LANG,第605-609页;参阅GBYT,第2卷第172页b面。

〔3〕KARMA,第175页a面;KPGT,第488页。

〔4〕LANG,第615页。

〔5〕LANG,第611-614页,第617页;BRNT,第104页b面。

〔6〕LANG,第644-647页。更为含糊的汉文称号,意思就是高级使者(大使)办公室(官)。也许同一官员把皇帝邀请他到首都去的信带给了噶玛若贝多吉。

了再次强调其在西藏直接管理权的尝试。

通过给绛曲坚赞的一份文告,说明一个例外的情形。止贡巴向皇帝恳请并从他那里得到一份发布给帕木竹巴的命令,责成其归还翁('On)和沃卡('Ol-k'a)。他们坚持把这一理论上的成就穷追到底,还提出对甲玛(rGya-ma)的占有权,在那里,当地万户长已辞去他的职务。绛曲坚赞不顾皇帝的命令,拒绝每一项这类要求。结果只能是战争,主要围绕着甲玛展开。还有一些麻烦,是由帕木竹巴堪布干预的。最后,绛曲坚赞自己做主,没有发生领地变更。[1]

另一方面,他或多或少体面地依照皇帝的圣旨,该圣旨责成他提供工具,并为索南罗追坚赞去大都行程做好准备。这又导致了与未来帝师的摩擦并产生细小的争吵,此人厌恶帕木竹巴,因而,实际启程被拖延了很长时间。

萨迦的事件依然没有平息下来,派系斗争在这里继续着,并随着喇嘛衮邦巴的被谋杀而达到了它的高潮,事件的原因不明。我们只知道,绛曲坚赞请绛巴本钦不要干预此事并要求他写一份这种意义上的保证,可能是为了防止个人复仇。[2] 当时,帕木竹巴的统治者本人前往曲弥调查,但这一事件退入幕后,由于他得到了另一个更为严重的消息:其时,本钦甲瓦桑布把他的司法上的工作委托给旺尊之后,突然在拉孜(Lha-rtse)去世,他去那里是应拉萨的权力机关的邀请参加一个会议。关于他的死因,传说是被旺尊和他的儿子暗杀的,或者过量饮用烈酒致死的[3],第一种说法好像被人们信以为真。这一事件发生在1357年末或者1358年1月。

在对死者举行了葬礼仪式之后,绛曲坚赞把萨迦参政议会的成员召集到曲弥,由喇嘛胆巴索南坚赞主持会议。他们到达之后的头几天,忙于举行1358年新年庆祝活动,由皇帝的使者在场主持,在那种场合,

---

〔1〕LANG,第647-654页,第659-661页。

〔2〕LANG,第665-667页。

〔3〕GBYT,第2卷第78页a面;LANG,第668-669页。旺尊在被免职之后,过着暗淡的生活。我们只知道在1352年他曾从布顿那里得到教诲,LBT第139页。

皇帝的使者郑重地向绛曲坚赞颁授了"大司徒"的大印。然后,会议转移到萨迦本部,在那里处理了若干悬而未决的问题。[1]

本钦的大印仍然掌握在他的儿子札巴坚赞的手里,此人因为这一点被《朗氏宗谱》称其封号为"洛本"(slob dpon)。在绛曲坚赞与甲瓦桑布和解之后,他是作为儿子被绛曲坚赞收养的。在一个不为人知的时间,甲瓦桑布为他得到了囊索(naṅ so)的职位,不久提升为囊钦巴(naṅ c'en pa),他以此封号而知名。他继承了香(Śaṅs)的领地。[2] 现在,他把父亲的官印交给正在萨迦行政机关的核心所在地拉康钦莫召开的会议。其至连萨迦辖区的大官印(当卡,dam k'a)也由喇嘛胆巴交给绛曲坚赞来保存,预示着萨迦的世俗权力,从此以后由他来监管。为了实际支持这项正式行动,拉康钦莫对绛曲坚赞敞开了大门。他派了大约200人加以驻守,其中,130个人是帕木竹巴的家臣(助手,萨巴bza'pa)。克尊(mK'as-btsun)的儿子贡噶仁钦(Kun-dga'-rin-c'en,1331—1399年)住在曲弥,置于绛曲坚赞的保护之下,他从皇帝那里接受了拥有大水晶印的"灌顶国师"称号,并取得细托拉章堪布的职位,他被保证为维护他的尊贵提供所必需的财产。[3]

绛曲坚赞返回雅隆时,健康状况不太好。在那里,他最终解决了三河谷(翁、沃卡和多热)的老问题,它们在皇帝关于这一问题的圣旨之后变得尖锐起来。最终,这些河谷留在了他的领地之内,以此作为交换,止贡获得几乎完全的自治权。[4]

与此同时,萨迦派内部的反对派势力,在地方首领的领导之下在拉孜聚集。在绛巴的援军到达以后,他们攻击昂仁新寺,并前行穿过拉堆(La-stod),进抵桑桑(Zaṅ-zaṅ)。绛曲坚赞派去由钦布仁钦桑布带领的强大的部队。他们到达以前,拉孜的征兵在旺尊的指挥下抵达萨迦并包围了拉康钦莫。但是,帕木竹巴的军队突然改变方向,朝萨迦前

---

[1]LANG,第670-672页。

[2]LANG,第680页;GBYT,第2卷第76页a面和第78页a面。

[3]LANG,第682-684页;SKDR,第116页a至b面。

[4]LANG,第686-688页。

进,显然从后面包抄了围攻者。他们的胜利是完全的和最终的。接着是报复性的暴力抢劫:旺尊被捕并被投入监狱,他的许多人死于战斗中,成为俘虏者(总共 464 人)被弄瞎眼睛。[1] 这种残忍的行为,在绛曲坚赞的漫长生涯中仅仅只有一次[2],藏地反抗的最后余火被扑灭。

拉孜被占领并把司法监督权委托给喇嘛胆巴和布顿,这在大学者扮演半政治化统治者中,是很少数的事例之一。

在 1358 年末,院使答剌马吉的(Dharmakirti)[3]抵达达木('Dam),他受命带着正式诏书召请喇嘛索南罗追坚赞,并护送他前往首都。在 1359 年新年庆祝之后,按惯例举行仪式,正式宴请使者迎请诏书。[4] 其间,帝师贡噶坚赞在 1358 年末去世。[5] 因而,邀请索南罗追坚赞变成任命他为帝师,这一道圣旨由答剌马吉的和院使艾布(A'i-bu)带到西藏。在此同时,帝师的弟弟札巴坚赞接受了白兰王的封号,而且,皇帝的一道圣旨确认他对达仓宗卡的拥有权。[6] 也许是由于他的新的身份的关系,索南罗追坚赞的旅行准备工作用了很长一段时间。集合在喇嘛身边的随行人员大约有 800 人。这样,他们缓慢地向帕木竹巴靠近,绛曲坚赞把他们阻挡在途中,冷淡地对喇嘛说道:"如果他们是军队,他们的人数太少;如果他们是使者,他们的人数太多。"事情最终得到好转,喇嘛参观了桑耶寺和丹萨替寺,绛曲坚赞慷慨地提供了殷勤的招待。后来,又发生更进一步的争执,喇嘛由于强烈的愤怒而返回到萨迦,在那里,喇嘛和绛巴本钦出了麻烦,后者允许他的手下人袭击了杰('Jad)庄园。[7]

前些年的不幸事件公开遗留下来的问题渐渐得到解决。旺尊保住

---

〔1〕LANG,第 688 – 690 页。

〔2〕对残暴行为应负直接责任的人是钦布仁钦桑布,HT5D 第 98 页 b 面(= TPS 第 645 页)。

〔3〕"Dharmakirti"(答剌马吉的)是十名"inaq"(倚纳)"朋友"之一,他参与皇帝妥懽帖睦尔实践性力(Śakti)崇拜,他在 1364 年被杀。参阅 KSWS 第 68 – 69 页,第 98 页。

〔4〕LANG,第 691 – 696 页。

〔5〕噶玛让迥多吉 1359 年 1 月 24 日在安多听说这件事。KARMA,第 178 页 a 面。

〔6〕GBYT,第 2 卷第 28 页 a 面。

〔7〕LANG,第 702 – 712 页。

了他的性命,并被安置在翁地('On)监禁。喇嘛洛追坚赞和本钦绛巴,在甲瓦桑布关押的最后时期曾发生争吵,不得不达成和解,在证人面前签署了加盖印章的文件。给拉康钦莫任命了一位新的首领。在 1360 年,绛曲坚赞对萨迦的控制变得更加强硬。经过喇嘛的同意,他把细托的涅乃钦莫(首席侍从)的称号和职务委托给他可以信赖的人:江孜的帕巴贝桑。[1] 随后,新的帝师和他的陪伴者们最终启程,由桑哥失里(Sanghaśri)都元帅陪同,皇帝派他护送他们前往大都。[2]

1360 年最重要的事件(至少在帕木竹巴眼中)是帕木竹巴大堪布蔡细巴札巴坚赞(Ts'es-bži-pa Grags-pa-rgyal-mts'an)的去世。绛曲坚赞委任他自己的堂兄弟居尼萨玛札巴协饶(1310—1370 年)为他的继任者。他主张在丹萨替建立一个巨大的灵塔(sku-'bum)以纪念死者。这件事因修建地点的占卜选址困难而使之复杂化。[3]

葬礼仪式进行得时间长而花费大;他们还向帝师提供了一个参加葬礼的托词,似乎他最不情愿去骚乱的帝国首都,为在他的路途中转向返回辩解。最终,在旅途中,他接到友善而又坚决的出发邀请。[4] 他在 1362 年初到达首都,仅仅到达同年的十月就在那里去世,他是在蒙古朝廷的最后一位帝师。[5]

此时,绛曲坚赞在西藏常驻的帝国代理人的面前阐明他的立场,向宣慰司的官员宣布:"你们一直说,既然洛本司徒瓦(也就是绛曲坚赞)拥有更大的权力,不存在你们活动的机会。如果事情是这样的话,你们可以把你们的虎头(纽)和大印交回给院使(皇帝的使者),我自己依靠我的黑色手印章(t'el rtse nag po)坚强的力量,把驿传的全体人员安排

---

〔1〕GYANGTSE,第 12 页 a－b 面(= TPS 第 663 页)。任命为"涅乃钦布"(ñe-gnas-c'en-po)(俗称"囊钦",nañ-c'en),是在 1364 年由皇帝批准同意的。

〔2〕LANG,第 718－721 页。1359 年 3 月 5 日,噶玛巴在安多茶卡(Bya-k'a)会见了桑哥失里王(大概是同一个人),KARMA,第 178 页 a 面。

〔3〕LANG,第 722－728 页,第 740－754 页。

〔4〕LANG,第 722－734 页。

〔5〕GBYT,第 2 卷第 28 页 a 面至 29 页 a 面。接近首都时,他突然遇到即将返回故里的噶玛巴。KARMA,第 181 页 b 面;HD－2,第 120 页。在他死后,皇帝召请喇嘛胆巴前往朝廷,也许抱有任命他为帝师的目的,但是,喇嘛胆巴拒绝了这一召请,SKDR 第 120 页 a 面。

到远及索克(Sog)地区照料驿站,将不会有任何的妨碍。如果事情并非如此,至于官员的职责关系到为院使服务,你们应该保证不伤害僧侣和世俗的百姓去完成它们。这项通告已经确切地、广泛地向各方宣布。"[1]这份有一点轻蔑的通告,强调了元朝在西藏的官员日常工作职责的不相关性,与帕木竹巴有影响的势力相比较,表明从1360年起,蒙古政府在中部西藏实际权威的削弱。从此以后,宣慰司的外壳还在,但它的躯体已经变成一个空架子,没有实际内容,尽管它的成员的称号,仍然通过西藏贵族在未来的许多年继续使用。

帕木竹巴政权是有意识地回归纯西藏传统的表示,这一政策的一个外部标志是,暴力驱逐居住在萨迦和其他各地的所有"准蒙古人"(Hor-'dra',也就是那些接受蒙古服饰、生活习惯和语言的人)。[2]然而,我们无法在这里详细叙述有关绛曲坚赞的改革情况。

就是在帝师离开之前,另一位杰出人物出现在丹萨替和乃东,像通常一样,我的文献没有给出名字,而只是使用两个封号"洛本钦布"(slob dpon c'en po)和"王"(dbaṅ)。他接受了相当多的荣誉,既因为他是一道皇帝札撒的持有者,还因为他是"著名的萨迦家族的一位后裔"。[3]这一点帮助我们确认他和白兰王贡噶勒贝迥乃坚赞的第二个儿子、新帝师的弟弟札巴坚赞(1336—1376年)就是同一个人。[4]我们从另一份资料中得知,他拥有"洛本钦布"和"王"的封号,是由于他的出身和他是一名著名的瑜伽大师。从1354年之后,他和他的兄弟一起住在达仓宗卡的新城堡里。这个地方是1360年皇帝赐给他作为独占的私有财产。1360年皇帝的同一份诏书,任命他为第四位(也是最后一位)白兰王,按惯例赐给他"左、右同知"的封号、金印,及授权他管辖"日头落下的地区"(西土——译者)的"讬书"(t'o su)。札巴坚赞最突出的决定是绝不出国(离开西藏——译者),因为在汉地形势

〔1〕LANG,第734-735页。

〔2〕LANG,第720页;BRNT,第105页a面。

〔3〕LANG,第736页,第738页。

〔4〕参阅伯戴克1990年,第261页。

123

也变得动荡。顺便说一下,可能在蒙古派系之间发生了冲突,导致 1359 年夏都大都发生抢劫并遭到大规模的破坏。至于札巴坚赞在 1360 年之后的作用,文献谈得很模糊,他在宗教和内政(k'rims gñis)两个领域中都显示出较大的活跃性,但是,他事实上没有什么政治影响,尽管他有高贵的亲戚(他娶绛巴南喀丹巴的姐妹为妻)。他住在萨迦和达仓宗卡,在后一个地方去世。[1]

我们还可以补充一点,他的第三个儿子南色坚赞(rNam-sras-rgyal-mts'an,1360—1408),尽管绝对没有离开过西藏,立即变成最后一位元代皇帝的特殊受保护人。当时,这个男孩正准备他的第一次出家立誓受戒,妥懽帖睦尔宣布他与他的长子(bu'o c'e 或者 sras c'e ba)地位平等,并赐给他封号,以及比通常白兰王的权力所固有的更高的品级,包括赐给血亲王子的机关(王府)。但是,南色坚赞绝对没有见到过他的养父,并在元朝灭亡后的四十年,在门康孜董宗(sMon-k'añ rTse-gdoñ-rdzoñ)去世。[2] 白兰王们确实没有扮演蒙古统治者期望他们成为的支持者的角色。

本钦的职位,在甲瓦桑布被释放或者去世时,变成空缺的。他的继任是一个棘手的问题,因为《朗氏宗谱》显然回避给我们一个清楚的信息。在我们的另一些文献的大部分中,甲瓦桑布职位的第三个任期被忽略了,而且列有在旺尊之后本钦的名字(《红史 – 1》、BA、DMS):南喀丹贝坚赞(Nam-mk'a'-bstan-pa'i-rgyal-mts'an),札巴坚赞(Grags-pa-rgyal-mts'an,在 DMS 中被省略),班本(dPal-'bum),洛钦(Blo-c'en)。在《汉藏史集》(GBYT)第 2 卷第 42 页 B 面中的前后次序与之不同:在索南班(bSod-nams-dpal)之后,我们发现甲瓦桑布作为南喀丹贝坚赞的替代者(ts'ab)第二次就任,然后是札巴坚赞,洛钦,班本。好像在目前还不能解决此种混乱,除了洛钦(Blo-c'en)以外,我只能提出有关这些人物的少量可以得到的信息。

---

〔1〕GBYT,第 2 卷第 29 页 a 面;SKDR,第 175 页 a – b 面。
〔2〕关于更详细的情况,参阅伯戴克 1990 年,第 261 – 262 页。

上文（第 114－115 页）简略地描述了南喀丹贝坚赞的生平，直到 1356 年为止。据说，他是在 30 岁时被任命为乌思藏本钦的，后来在木鸡年 1345 年，他接受大元国师的品级和水晶印。[1] 这里大概把木鸡年弄错了，应为火鸡年 1357 年。但是，事实上，布顿在 1351 年向他传授宗教教诫并给他起法名"仁钦贝桑布"（Rin-c'en-dpal-bzaṅ-po），称他是一位本钦。[2] 他是多布巴协饶坚赞（Dol-bu-pa Śes-rab-rgyal-mts'an,1292—1361 年）的弟子，按照协饶坚赞的指点，他建成和捐献了昂仁寺，并邀请著名学者博东却勒南杰（Bo-doṅ P'yogs-las-rnam-rgyal,1306—1386 年）来做它的堪布。[3] 绛曲坚赞对他的评价不好，在 gsun'c'ens 的一些诗文中把有关萨迦势力倒台的责任归咎于他。[4] 在 1364 年，他仍然拥有本钦的称号，他参加了布顿的葬礼[5]，在 1373 年，他向新的明王朝投诚，如同我们下文将要看到的那样。

甲瓦桑布的儿子札巴坚赞是一个暗淡的人物，只是在与他的父亲变幻莫测的经历的联系中被提到。他最初是一个秘书（naṅ so,囊索），后来被提升为首席秘书（naṅ c'en,囊钦）。他在他父亲坐牢期间的活动，没有实际的影响。在这件事结束之后，绛曲坚赞过继他为养子，只是形式上的表示。在 1358 年，他继承了香通门（Śaṅs mT'oṅ-smon）的领地，在那里，他在一个不为人知的日子去世。[6] 札巴坚赞始终被称为"洛本"，这意味着他是一个僧人，至少在他的早年是僧人。在《朗氏宗谱》（LANG）中，我们没有发现把他委任为本钦的线索。只有《汉藏史集》（GBYT）告诉我们，洛本札巴坚赞接受过本钦名义上的称号（名）。

---

〔1〕BYANG,第 6 页 a－b 面;参阅 HT5D,第 66 页 a 面(＝TPS 第 632 页)。

〔2〕LBT,第 134 页。

〔3〕BA,第 778 页;BYANG,第 6 页 b 面;DCBT,第 148 页 b 面。

〔4〕引自 DMS 第 209 页。

〔5〕LBT,第 168 页,我不打算把他与拉尊仁钦班相等同,他请求过喇嘛胆巴编著 GR,像 Sørensen 第 63 页所主张的那样。拉尊通常是来自古老的吐蕃国王后裔的僧人,而不是来自其他皇室家族。绛巴自称是木雅统治者的后裔,不是出自古代的吐蕃王朝。

〔6〕LANG,第 534－535 页,第 578－580 页,第 669 页,第 677－678 页,第 793 页;GBYT,第 2 卷第 76 页 a 面和第 79 页 b 面至 80 页 a 面。

班本(dPal-'bum,他的家族名称不详)是帝国政府的一位官员。在1346—1347年,作为一名"招讨"驻扎在西藏,后来他前往北京。在1354年,他以达鲁花赤的身份从那里返回到西藏。在1357年,他是一名涅乃钦布(ñe gnas c'en po)。[1]在1359年,他请噶玛巴若贝多吉(Karma-pa Rol-pa'i-rdo-rje)把那年之前去世的帝师的尸骨带回到西藏。在这一时期,他担任萨迦的本钦。[2]这显然是作为一个暂时行使职权者的任命,在1360年,这个问题被提出来做最后的决断。新的帝师和帝国的院使在他们最后离开的前夕,在拉萨附近与绛曲坚赞和其他官员一起召开了一个会议。他们宣布,关于他们自己的职责,他们打算确认班本(dPal-'bum)为本钦,把官印拿出来交给他。他们相信,由于班本已经交出他的儿子作为人质,并立下誓言,保证依据帕木竹巴的指令行事,这项提议完全有把握实施。绛曲坚赞的答复,从各方面的观点来看,是饶有兴趣的:

"既然喇嘛你和你的侄子、萨迦参政议员和整个宣慰司,已经签署了一份协议(k'a 'c'am gyi bca' rtse),你们就不能违背它的规定,班本不能成为一名本钦,因为他并非出自萨迦弟子(ñe gnas)的阶层(rgyud)。最初,他是旺尊的茶叶炮制师,他是止贡的一名坚定支持者和贡巴的人,在他的内心深处,他属于他们。同样地,正像堆霍尔(察合台)的部长不能成为东方国王(元朝)的部长(p'yin sañ,汉文的"丞相")一样,因此,萨迦巴的门徒(ñe gnas)不能屈从于止贡人,班本不能成为一名本钦。这是现实的情形,请在我和班本之间作出选择。他们答复说:'我们选择你。'于是,决定了无须履行本钦大印(dam rtags)的移交,这一切是从院使到所有到场的人都亲眼看到的。"[3]

这一情景表明,帕木竹巴对旧体制的机构和官僚的统治是多么完全。绛曲坚赞能够以中部西藏的最高官员的意愿来安排一切:萨迦的

〔1〕LANG,第383页,第394页,第532页,第658页。
〔2〕KARMA,第178页b面;KPGT,第490页。参阅HD-2第116页,在那里他是单称"本"(dpon)。
〔3〕LANG,第758-759页。

政治统治事实上已经结束。

班本被排除在外,谁能成为本钦?我们的主要资料没有提供更进一步的情况,而是转移到其他事件上了。这样,札巴坚赞曾是一名本钦,这种说法很没有把握。我推测,也许在几个月(或者几年)内,本钦职位依然空缺着,而后来授给了南喀丹贝坚赞,他自然在1364年拥有这一职位。从那时起,他失去了所有的权力和威望,并在不久遭到废弃,尽管官方的名单给出了一些后续的名字。在上文所引用的绛曲坚赞藐视的诗作,是萨迦政府最高层机构衰微与结束的、令人感伤而真实的墓志铭。

绛曲坚赞在一段时间里曾患病。他痊愈了,但是,年龄和奋斗的生活可能开始影响他强健的骨骼。因此这种想法并不奇怪,如果他想到他毕生的事业即将完成,开始考虑把权力顺利地移交给可信赖的继承人,以保证其永久存在的计划。我们无法说明在他那里这一决定是怎样使之成熟的,我们只知道它是如何完成的,这一最为重要的行动被记载在他的自传的最后。

在1361年的某个时间,他派协绕扎西(Śes-rab-bkra-śis)作为他的特使前往帝国朝廷。他的第一项(却不是他主要的)工作是抗议答剌马吉的和帝师随从们敌意的影响和恶毒的诽谤。他们控告绛曲坚赞是一个谋反者和萨迦派的仇敌,并且破坏拉康钦莫,使之变成一座马厩。协绕扎西被证明是一个能干的谈判者。他拜访了首席部长(丞相),接着被允许觐见皇帝,从而消除了他的猜疑并获得一道嘉奖的敕令。主上宣布一道札撒,委任绛曲坚赞三个侄子中的第二个释迦仁钦(Śākya-rin-c'en)为新的帕木竹巴万户长,并确认了属于该万户的旧的和新的全部领地。作为个人酬劳,协绕扎西获得扎噶(Brag-dkar)的领地。当他返回时,札撒正式在德(T'el)地公布,绛曲坚赞在几乎40年(1322—1361/1362年)的掌权之后,准备从万户长的职位上引退。[1]然而,他差不多即刻又取消决定,他发现释迦仁钦有一个难以管束的脾

---

[1]LANG,第769-771页;HT5D,第97页b面至98页a面(=TPS第645页)。

性(ma c'un pa),而他的继任将会成为反抗与混乱的起因。显然他错看了他的侄子,他不适合担负这样重大的职责。他把皇帝圣旨放在一边,决定由他本人继续掌握万户的职责,只要他的健康状况允许,一直担任这一职务。[1] 绛曲坚赞把权力牢牢掌握在自己手中,直到他在木龙年十月二十七日去世为止,其对应年代是 1364 年 11 月 20 日。[2] 他的万户长和中部西藏统治者(拉尊,lha btsun)的职位由他的大侄子释迦坚赞(Śākya-rgyal-mts'an,1341—1373 年)来继承,此人到目前为止是泽当(rTses-t'an)的堪布。

绛曲坚赞的自传的最后是一个最杰出人物、家族和寺院的比较名单,连同对他的继承者关于如何处理与他们的关系的简短的暗示。他的话语值得引述,这个沉着而精明的政治家,评价了元朝时期西藏历史上的两个主要派别萨迦巴和止贡巴衰颓的失误和原因。"从前,止贡的威望在贡巴释迦仁钦时代达到高峰,但是,后来他们的影响衰退了,这是他们各种贪心与枉法行为的一个结果。如同萨迦巴一样,弟子们(ñe gnas)比喇嘛更有权势,长官的仆人(dpon skya)比高级官员(dpon)更有权势,妇女在所有的人当中最有权势。自此,萨迦巴的威望像现在这样,陷入毁灭的光景之中,你们应该注意到它的原因,假如你们希望我们的这个团体仍然保持完整并幸福,你们大家应该避免邪恶的举动。"[3]

在 1354 年,中国中原地区又出现造反,14 年后元朝瓦解,最后一位皇帝逃到了蒙古利亚。很难推测,在西藏怎样评价这些事件。尽管喇嘛们应该领悟到蒙古人慷慨给予保护的黄金时期永远过去,我们没有在什么地方发现惋惜一词。藏文文献只不过陈述了枯燥的事实,最

〔1〕这一情报是由绛曲坚赞的最后遗嘱(Mya ñan 'das c'uṅ žal c'ems)所提供的,它写成于他最后患病期间。LANG,拉萨版,第 426 页。

〔2〕DMS,第 210 页;GYANGTSE,第 14 页 b 面(= TPS 第 664 页);依据 GBYT 第 2 卷第 173 页 a 面,他在 63 岁的火龙年去世,显然是木龙年之误。1373 年的日期,在 BA 第 218 页见到,并且也经常被西方学者所遵循。这应该是翻译者的误会。藏文文献(NA 函第 7 页 a 面)实际上所提到的是"国师瓦"(Guśri-ba),也就是绛曲坚赞的继承者国师释迦坚赞的去世日期。然而,一个误解的风险是如此之大,DMS 查明引文,意识到有义务警告读者抵制它。

〔3〕LANG,第 835 – 836 页。

后一位元代皇帝逃走,而新的明王朝获得皇帝权力。至多,有一些恐惧(不久就消除):在汉地的这场战争,可能导致明朝军队进入西藏。[1]

我们仍然有足够的、有关萨迦巴和帕木竹巴转而归顺(如果这一术语令人满意的话)中国新的统治者的信息。当元朝的统治消失时,在西藏有一位"代理帝师",叫做南喀班桑布(Nam-mk'a'-dpal-bzaṅ-po,《明史》作"喃加巴藏卜"——译者)。在 1373 年 1 月 16 日,他的使者带着贡品到达南京。依靠贡品,他被赐以"炽盛佛宝国师"的封号。他在 1381 年的某个时间去世。[2] 我们不知道谁委任他,也不知道他属于哪个家族或教派,他自然不是昆氏家族的一名成员,因为在那些年萨迦的世系谱中,不包含带有"南喀"(Nam-mk'a')名字的成员。[3]

萨迦世俗行政机关承认了中国的新政权。在 1373 年 2 月 23 日,从前元代的一名国公南喀丹贝坚赞(Nam-mk'a'-bstan-pa'i-rgyal-mts'an)亲自来到在南京的朝廷,请求一个新的封号。[4] 于是,我们最后一次看到了绛巴本钦。不管他在那些年里是担任职务,或者已经离职,却仍然在政府中是一个杰出人物,这应该是一个尚待解决的问题,藏文史料对他和明朝的关系一无所知。

昆氏家族随后前往。在 1373 年 10 月 27 日,喇嘛胆巴索南坚赞和他的侄子贡噶坚赞(1344—1420 年)派去使者请求一块新的玉印,但是,他们被拒绝,原因是这样一块玉印已经赐予了南喀班桑布(喃加巴藏卜)。好像贡噶坚赞曾经试图亲自前往南京,但是,由于在康区当地的骚乱而被阻。[5] 在 1374 年 8 月 23 日,他的使者们在朝廷再次受到接待,这一次,他被授予玉印,同时还有"院使"的封号。[6]

帕木竹巴,也就是绛曲坚赞的继承者释迦坚赞,经过元朝皇帝批准

〔1〕BRNT,第 154 页 a 面。

〔2〕MSL,洪武,第 77 卷第 4 页 b 面和第 79 卷第 1 页 a 面。

〔3〕就勘同而言,最合适的候选人将是南喀丹贝坚赞(1333—1379 年)。(sTag-lun-t'an)的堪布,关于他,参阅 BA 第 635 - 636 页。这一日期也完全一致。

〔4〕MSL,洪武,第 79 卷第 1 页 a 面。

〔5〕MSL,洪武,第 85 卷第 7 页 a 至 b 面和 SKDR 第 179 页 b 面。

〔6〕MSL,洪武,第 91 卷第 4 页 a 面。

拥有"大司徒"、"昌国公"（C'aṅ）和"灌顶国师"的称号,享有控制三个区喀的权力。[1] 在1372年,他在政治上的重要地位获得在安多平定叛乱的明朝将军的承认,并通过他引起皇帝的注意。君主争取主动,向他派出使者,授给他"灌顶国师"的称号并赐予玉印。[2] 帕木竹巴统治者作为回报,派他自己的父亲索南桑布（bSod-nams-bzaṅ-po）到朝廷,带来相应的、用于宗教目的的礼物。[3]

一些使用从蒙古人那里接受其封号的贵族,在元朝灭亡之后的四年或者五年之内,实现了封号的更换转变。[4]

从此以后,中部西藏统治者的国际关系,几乎专有地只和明朝交往。直到16世纪后期,蒙古人再次出现,于是,又拉开了在不同环境中带有相似的最终结果的一幕。

---

〔1〕HT5D,第81页b面(= TPS第638页)。

〔2〕MSL,洪武,第73卷第4页b面。

〔3〕MSL,洪武,第78卷第7页a面。参阅《明史》第331卷第9页b面(= TPS第692页)。

〔4〕在1367年,江孜的统治者从皇帝妥懽帖睦尔那里接受了"永乐太傅大司徒"的名号,而且,他的后继者好像在随后的几年中,获得了对这一封号的确认和巩固,GYANGTSE第17页a面和22页a面(= TPS第664页)。

6 结论

　　在那些丰富多彩的年代里,超越于众人之上的两位杰出人物,揭开并合上了元朝时期西藏的历史:他们是萨迦班智达和帕木竹绛曲坚赞。

　　在蒙古人出现在西藏人视野以前很长时间内,萨迦班智达就已经是世所公认的一位著名学者和受人尊敬的宗教领袖。当危急的突发事件发生时,他的政治才能使他能够采取唯一可能的方式去应对不断迫近的威胁。只有他的威望能筹划行动方针,驾驭西藏的僧侣和贵族,把这个地区从严重的蹂躏中解救出来,保护了它的宗教和文化,同时,也使他自己的教派和家族担负起西藏社会的最高权力。很不幸,他那时年纪太大了,不能最终完成自己的政治计划。当然,如果他能多活一些年的话,就没有必要猜测结果是什么样的了。他的去世,与蒙古皇帝领导权力的更迭同时发生,几乎毁灭了他的工作。因为这项工作,留给了他的没有经验的侄子。后者最初在蒙古人的眼中远不如其叔叔,他当时太年轻,长期不在自己的国家,而在蒙古人手中做人质。八思巴在政治的混乱迷宫中按他自己的方式控制的可能性很小,而且,从一开始他的角色就是一个被动者。是忽必烈,在若干可能性之间的踌躇之后,选择他作为自己在藏族问题上的工具。在某种意义上,八思巴作为一位政治人物,是大皇帝的一部作品。大皇帝用武力两次强迫八思巴去统领一个不情愿的,最阴沉的西藏。八思巴的最后一张王牌是和皇帝家族成员的亲密关系,尤其是与皇后察必和皇储真金更密切。自然,皇帝的宗教政策带有在原则上对佛教的偏爱,而实际上西藏人这张招牌之所以获得皇帝的特别青睐,这在相当的程度上得益于萨迦堪布的精心培植。但是,我们应该放弃有关八思巴在政治事务中作为一名有影响的皇帝顾问的概念,对此,不存在任何证据。甚至居住在汉地时,他有很长的工作时间不在首都,而住在临洮和其他地方,他通过个人关系对皇帝施加影响的可能性是极其有限的。最后,对于西藏人把八思巴的

·欧·亚·历·史·文·化·文·库·

形象,变成为伟大的宗教领袖和作为忽必烈在佛教事务上有权威的顾问的这类传说,应该稍微降一些调子。

　　既然我们讨论元朝—萨迦时期西藏的历史,就对政权的两极按顺序总结几句。元朝的行政机关总是试图保持对西藏的全面控制,总的看来是成功的。只是在 14 世纪 50 年代后期,我们开始看到萧条的景象,原因当然是由于北京政府的日趋衰弱。它因于内部的党争和在长江流域不断高涨的起义的威胁。然而元朝政府作为"荣誉之根"(fons honorum)的威望,仍然继续保持到最后瓦解为止,未受到损害。

　　对于萨迦寺院和统治家族来说,他们在政治生活中很少采取主动,在最高层(从来没有一位堪布表现出强有力的个性),部分是由于内部的争吵和不可救药的软弱,人们获得被动的印象:萨迦是个行政机关。有些本钦是世俗武装人员,多次展开反对帕木竹巴崛起的斗争。但是,他们更关心高级贵族的利益,而不是扮演萨迦教主规定好政策的执行者的角色。

　　另一方面,绛曲坚赞是一个相当强有力和充满人情味、饶有兴趣的人物。他赤手空拳,仅仅依靠一个衰退的,说得恰当一些,是一个摇摇欲坠的万户,在四十年的斗争历程中,一步一步地建立起有权威的地位,最终成为中部西藏无可置疑的统治者。他的道路苦难重重,充满了障碍并遭遇到严重的挫折,无数次把他带进几乎毁灭的边缘。在克服所有困难的过程中,他个人最突出的才能是他的顽强不屈和他的坚韧,以及杰出的外交手腕与适度的灵活性相结合。他绝不是战略上的天才,但是,在战场上,他在对将领的选择中有一副好眼力。总之,他的军事生涯不是由于重大的胜利而受到注意,而是通过一个个几乎不断的小战役,常常采取守势,能够耗尽每一个不如他坚定的敌人。

　　他在相当程度上是一个现实主义者,目的在于权力的实质,而不在于它的外在装饰。差不多直到最后,他表面上仍对萨迦喇嘛表示尊敬,甚至在他最后的遗嘱(协且,žal-'c'ems)中,他还责成他的继承者,绝对不要在这一点上有所失误。他制止摧毁他们的行政机构,他只是剥夺它所有的实权,另外建立起他自己的机构,而上述的那个机构依然存在。

在他与帝国朝廷的关系中,他或多或少地遵循着同样的方针。他请求并获得的封号并不是特别高,他得到对他在西藏全权的一个默认,但是,绝对不否认皇帝的至高无上。这一政策由他的侄子和后继者继承下来,直到元朝灭亡为止。在遵循这些形式的同时,他在复兴古老王朝传统的基础上完成了藏族人政府的建设。这一主题已经超过了现在研究的范围。只要记住这一点就足够了,因为他认为,蒙古统治的强制进行是通过引进蒙古法律(Hor k'rims)为特征的。他的最重要的改革是废除蒙古法律和重新引入藏族法律(Bod k'rims),以彻底改造的形式恢复古老的君主政体的法典。绛曲坚赞的法典,反复被修改,直到本世纪仍在使用。

但是,他的毕生事业注定只延续了 80 年,即从 1354/1358 到 1434 年仁蚌巴(Rin-spuns)的兴起而结束。它较为迅速衰退的原因是,当丹萨替的宗教大堪布变成一位乃东政治中心的对手时,出现的那种致命的二元性。在绛曲坚赞的整个一生中,帕木竹的堪布,无论是自愿选择,还是被强迫的,都使自己严格限制在宗教领域之内。但是,在绛曲坚赞去世之后,他的侄子有巨大的野心而才能甚小,没有遵循这一惯例,最终带来有害的结果。

在 13 和 14 世纪重大事件中,在幕后活动的是上层社会的势力。在像西藏这样的地区中,仅限于僧侣和贵族;这一状况直到 1951 年为止,大体上没有改变。在西藏,如同在一些欧洲地区一样,在邀请外国王子来访时(如第三世和第五世达赖喇嘛即是),僧侣们没有不安的感觉,或愉快地接受他的来访(像八思巴和第七世达赖喇嘛那样)。贵族,至少在某些例证中,是试图避免外来的干涉,并通过他们自己的武力保护他们的特权,这样做的领袖们,如绛曲坚赞和四个世纪以后的颇罗鼐(P'o-lha-nas)一样,尽管后者面对的是一个上层非汉人的王朝(清朝),而不是像元朝那样正蹒跚走向死亡。总之,在两个阶级之间的连结是如此地紧密,而且,他们的利益是如此地相互缠绕,在两者之间存在一个冲突是不可能想象的。在那里,自下层,也没有任何像在中原大地爆发的反对外国和反封建的运动,并立即扫荡了蒙古人和佛教僧侣两者的特权地位的可能性。

作为最后一点思考,我们不禁要问,蒙古最高权威在西藏遗留下了怎样一种影响。概括地说,最持久的影响是向往中央政府的持久感情,或者作为第二个强大的政权,能够在各种不同的自治体之间(如帕木竹巴和后来的达赖喇嘛政府那样)代表一个联合体的中枢,或者至少,限定了一个政治因素中的居首长位者,但是比各个单独的世俗或者教派的首领(诸如,仁蚌巴和藏巴)都更强大。人们决不会认为带有从 10 世纪到 13 世纪早期的分裂和缺乏中央权威的特征是一个正常和自然的状况。在一个更具体的程度上讲,蒙古制度的某些残余,如"乌拉"('u-lag),仍继续在西藏存在,直到近代。而一些蒙古的封号也是这样,直到它们在 18 世纪被满族封号取代为止。

世系表

蒙古可汗和 1260 年后的中国元朝皇帝

成吉思汗	1206 年—1227 年
（拖雷摄政）	1227 年—1229 年
窝阔台	1229 年—1241 年
（脱列哥那摄政）	1241 年—1246 年
贵由	1246 年—1248 年
（斡鲁海迷失摄政）	1248 年—1251 年
蒙哥	1251 年—1259 年
忽必烈（世祖）	1260 年—1294 年
铁穆耳、完者笃（成宗）	1294 年—1307 年
（爱育黎拔力八达摄政）	1307 年
海山（曲律可汗、武宗）	1307 年—1311 年
爱育黎拔力八达（普颜笃可汗、仁宗）	1311 年—1320 年
硕德八剌（英宗）	1320 年—1323 年
也孙铁木儿（泰定帝）	1323 年—1328 年
阿速吉八	1328 年
图帖睦尔	1328 年—1329 年
和世瓎（明宗）	1329 年
图帖睦尔（文宗）	1329 年—1332 年
懿璘质班（宁宗）	1332 年
妥懽帖睦尔（顺帝）	1332 年—1368（1371）年

萨迦堪布（丹萨钦布）

萨迦班智达贡噶坚赞	1216 年—1251 年

·欧·亚·历·史·文·化·文·库·

八思巴札巴坚赞	1251 年—1280 年
达玛巴拉	1280 年—1282 年
（夏尔巴）绛央仁钦坚赞	1286 年—1303 年
桑布班	（1298）1306 年—1323 年
克尊南喀勒贝坚赞	1325 年—1341（？）年
绛央顿月坚赞	1341 年—1344 年
喇嘛胆巴索南罗追坚赞	1344 年—1347 年
罗追坚赞	1347 年—1365（？）年
贡噶仁钦坚赞	1365 年—1399（？）年

帝师

八思巴札巴坚赞	1270 年—1274 年
仁钦坚赞	1274 年—1279（或者 1282）年
达玛巴拉	1282 年—1286 年
（夏尔巴）耶协仁钦	1286 年—1291 年
（康萨瓦）札巴沃色	1291 年—1303 年
（夏尔巴）绛央仁钦坚赞	1304 年—1305 年
（康萨瓦）桑结贝（相加班）	1305 年—1314 年
贡噶罗追坚赞	1314 年—1327 年
贡噶勒贝迥乃坚赞	1328 年—1330 年
（仁钦扎）	1329 年—1330 年
贡噶坚赞	1331 年—1358 年
索南罗追坚赞	1361 年—1362 年

本钦

释迦桑布	大约 1264 年—1270 年
贡噶桑布	大约 1270 年—1275 年
尚尊	大约 1275 年—？ 年
秋布刚噶瓦	？ 年—1280 年

绛曲仁钦	1281 年—1281/1282 年
贡噶熏奴	1282 年—？年
熏奴旺曲	？年—1288 年
绛曲多吉	大约 1289 年
阿加仑多吉贝	大约 1290 年—1298 年
熏奴旺曲（再任）	1298 年
勒巴班	1298 年—大约 1305 年
僧格班	—
翰色僧格	大约 1315 年—1317 年
贡噶仁钦	—
顿月班	—
云尊扎巴达	—
翰色僧格（再任）	？年—1328/1329 年
甲瓦桑布	1328/1329 年—1333 年
旺曲班	1333 年—1337 年
索南班	1337 年—1344 年
甲瓦桑布（再任）	1344 年—1347 年
旺曲尊珠	1347 年—大约 1350 年
甲瓦桑布（三任）	大约 1350 年—1356 年或者 1358 年
南喀丹贝坚赞	大约 1357 年
班本（代理）	？年—1360 年
南喀丹贝坚赞（再任）	大约 1364 年

昆氏家族的三支谱系

阿拉伯数字：堪布
罗马数字：帝师
大写字母：白兰王

·欧·亚·历·史·文·化·文·库·

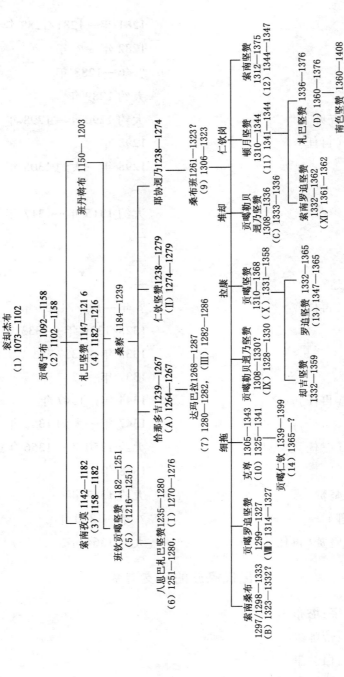

注释：在萨迦派鼎盛达到之后，只列出在文献中提到的人。

138

汉文专有名词

Ao-lung-tala	瞀笼答剌
Cha-yu-wa	札由瓦
cha-fu	劄付
Ch'a-li-pa	搽里八
Chao-A-ko-p'an	赵阿哥潘
chao-mo	照磨
chao-t'ao shih	招讨使
chen-fu	镇抚
Chen-hsi Wu-ching wang	镇西武靖王
cheng-li ssu	征理司
ch'eng-hsiang	丞相
Ch'i-wang	岐王
Chia-mu-wa	加麻瓦
Chia-wa-tsang-pu	加瓦藏卜
ch'ien-hu	千户
ch'ien-yuan	佥院
chih sheng fo-pao kuo-shih	炽盛佛宝国师
ching-li(下级官员)	经历
ching-li(地籍测量)	经理
chu-wang	诸王
Ch'u-hou-chiang-pa	初厚江八
ch'u-mi yüan	枢密院
Ch'u-mi	枢密
chuan-yin	转运

·欧·亚·历·史·文·化·文·库·

fen-ti	分地
fen-yüan	分院
Fu-chiao-wang	辅教王
fu-shih	副使
Hai-yün	海云
Ho-li	合里
Ho-li-t'ê	和里觷
Ho Wei-i	贺惟一
Hsi-an wang	西安王
Hsi-fan	西番
Hsi-p'ing wang	西平王
Hsing chung-shu sheng	行中书省
Hsing ta ssu-nung ssu	行大司农司
hsüan-cheng yuan	宣政院
hsuan-wei（ssu）shih	宣慰司使
Hu-pi	忽必
Huang-li-t'a-ê rh	晃里答儿
I-ch'ih-li	亦只里
I-lin-chen-ch'i-lieh-ssu	亦怜真乞烈思
i-ling	驿令
I-ssu-ta	亦思答
kua-k'an	括勘
kuan-chün	管军
kuan-kou	管勾
kuan-ting kuo-shih	灌顶国师
kung-tê shih ssu	功德使师
Kuo-an	国安
kuo-kung	国公
Kuo-pao	国宝

kuo-shih	国师
li-pu	吏部
li-suan	理算
ling-chih	令旨
lu	路
Mi-ê rh-chün	迷儿军
Na-li-su-ku-ê rh-sun	纳里速古鲁孙
Na-mo	那摩
Nien-chen-ch'i-la-ssu	辇真吃剌思
Nien-chen-ka-la-ssu	辇真哈剌思
Pai-lan wang	白兰王
p'ing-chang(cheng-li)	平章政理
Po-mu-ku-lu	伯木古鲁
Pu-ê rh-pa	卜儿八
pu-tao ssu-kuan	捕盗司官
Sa-la	撒剌
san-lu chün-ming wang-fu	三路军民万户
san-lu tu yüan-shuai	三路都元帅
Sang-ko	桑哥
shang-shi sheng	尚书省
shih-chiao tsung-t'ung so	释教总统所
So-nan-kuan-pu	琐南管卜
ssu-t'a-lung-la	思答笼剌
ssu-t'u	司徒
Su-êrh-chia-wa	速儿麻加瓦
Sung-tu-ssu	宋都思
Ta-lung	答笼
ta-shih kuan	大使管(官?)
ta ssu-t'u	大司徒

141

Tai-mu-te	带木觯
Tan-li t'o-t'o-ho-sun	担里脱脱禾孙
T'ang-pu-chih-pa	汤卜赤八
Tao	道
t'i-ling	提领
ti-shih	帝师
t'ien-ti li-kuan-min wan-hu	田地里管民万户
t'o-ling	讬令
t'o-śu	讬书
ts'an-cheng	参政
Ts'an-ma I-ssu-chi-ssu-pu	参马亦思吉思卜长出亦思
	宅卜
Ch'ang-ch'u-i-ssu-tse-pu	
tsung-chih yuan	总制院
tu-shih	都事
tu-shih kuan	都事管
tu yüan-shuai(fu)	都元帅(府)
T'u-fan	吐蕃
tuan-shih kuan	断事官
t'ui-kuan	推官
t'ung-ch'ien	同佥
t'ung-chih	同知
wan-hu(fu)	万户府
Wu-ssu-tsang	乌思藏
yen-ch'ing ssu	延庆司
Yu wang	豫王
yüan-p'an	院判
yüan-shih	院使
yüan-shuai	元帅

原书参考文献

（括号内为译文）

一、藏文和汉文史料

Roerich G N. The Blue Annals. 2 vols. Calcutta, 1948—1953. (Translation of 'Gos gŽon – nu-dpal, Deb t'er sñon po. 1476—1478.) (BA)
（罗列赫 G N. 青史：2 卷. 加尔各答, 1948—1953. ［桂·熏奴班《青史》1476—1478 的翻译]）

Bu-ston. Letter to P'ag-mo-gru-pa Byan-c'ub-rgyal-mt'an // Collected Works：vol. LA：98a – 100a(translated in TPS：673 – 674.) (B. Lett.) (布顿. 给帕木竹巴绛曲坚赞的信 // 布顿全集：LA 函：98a – 100a. ［翻译见《西藏画卷》：673 – 674.]）

Fifth Dalai-Lama. Life of Blo-gsal-rgya-mts'o-grags-pa-rgyal-mt'an // The Fifth Dalai-Lama's Collected Works：vol. TA, 1676. (BLO) （第五世达赖喇嘛. 罗色［桑］嘉错札巴坚赞传记 // 第五世达赖喇嘛全集：TA 函, 1676.）

rJe btsun'Bar ra ba rGyal mts'an dpal bzaṅ po'i rnam t'ar mgur' bum daṅ bcas pa. (BRNT) （杰尊巴热瓦坚赞班桑布传记附宗教短歌集.）

Dpal-bzaṅ -c'os-kyi-bzaṅ -po. g. Yas ru Byaṅ pa'i rgyal rabs // Rare Tibetan historical and literary texts from the library of Shakapa W D. New Delhi, 1974. (BYANG) （巴桑却吉桑布. 叶如绛巴王统 // 孜本·夏格巴 W D 藏书中珍贵历史和文学著作. 新德里, 1974.）

sTag-luṅ -pa N ag-dbaṅ -rnam-rgyal. C'os'byuṅ ṅ o mts'ar rgya mts' o 1609. Tashigang, 1972.（CBGT）（达隆巴阿旺南杰. 教法史神奇海 1609. 扎西岗, 1972.）

Colophons and subscriptions of'P'ags-pa's tracts and letters // Sa-skya-pa Collected Works. vols. V and Ⅵ. Cited by their numeration in the Tōyō Bunko edition.（Colophon）（八思巴短文和书信题跋 // 萨迦全集. 第 5 卷和第 6 卷.［根据东洋文库版的计算引证］）

Ňor dKon-mc'og-lhun-grub. Dam pa'i c'os kyi'byuň ts'ul legs bsad bstan pa'i rgya mts'or'jug pa'i gru c'en. First section, 1550; completed by Saň s-rgyas-p'un-ts'ogs, 1692.（DCBT）（翱・衮却伦珠. 胆巴法王教法正论入海大圣.［第一部分大约在 1550 年完成, 1692 年由桑结彭错完成］）

bSod-nams-grags-pa. Deb t'er dmar po gsar ma 1538. ed. and transl. by Tucci G. Roma, 1971.（DMS）（索南札巴. 新红史 1538. 图齐编辑和翻译. 罗马, 1971.）

念常. 佛祖历代通载 1341 // 大正藏. 第 2036 号, 第 XLIX 卷. 477a – 735b.（FTLTTT）

sTag-ts'aň -pa Śrībhutibhadra. rGya Bod yig ts'aň mk'as pa'i dga' byed 1434. 2vols. Thimphu, 1979. There is also a Chinese edition, Ch'eng-tu, 1985, which however reproduces exactly the same text and has no independent value.（GBYT）（达仓巴室利菩提巴特拉. 汉藏史集智者喜作 1434. 2 卷. 廷布, 1979.［也有一个中国版本, 成都, 1985, 它尽管准确无误地复制了同一部文献, 不过没有独立的价值。］）

Saňs-rgyas-dar-po. rGyal ba rGod ts'aň pa mGon po rdo rje'i rnam t'ar mt'oň ba don ldan nor bu'i p'ren ba. Woodprint in the Library of the IsMEO, Rome.（GOD）（桑结达布. 甲瓦桂仓衮布多杰传记见者有益宝蔓. 意大利中亚和东方研究所图书馆木刻版. 罗马.）

bSod-nams-rgyal-mts'an. rGyal rabs gsal ba'i me lon 1368/1369. ed. By Kuznetsov B I. Leiden, 1966.（GR）（索南坚赞. 王统世系明鉴 1368/1369. 库兹涅佐夫 B I 编辑. 莱登, 1966.）

Kun-dga'-rin-c'en. gDan sa c'en po dpal ldan Sa skya'i gtsug lag k'aṅ daṅ rten gsum gyi dkar c'ag. Ms. In the Library of the IsMEO. Rome, XⅥ century. (Guide)（衮噶仁钦. 大古寺吉祥萨迦大寺和三所依目录. 意大利中亚和东方研究所图书馆手写本. 罗马, 16 世纪.）

'Jigs-med-grags-pa. rGyal rtse c'os rgyal gyi rnam t'ar pa dad pa'i lo t'og dṅos grub gyi c'ar 'bebs. Woodprint in the Library of the IsMEO. Rome, 1479—1481. (GYANGTSE)（吉美札巴. 江孜法王传记. 意大利中亚和东方研究所图书馆木刻版. 罗马, 1479—1481.）

Ts'al-pa Kun-dga'-rdo-rje. Deb t'er dmar po. Recite：Hu-lan deb t Recte er 1346—1363. Gangtok, 1961. Quotations refer to this edition, unless otherwise stated. (HD－1)（蔡巴贡噶多吉. 红史. 校正为呼兰史册 1346—1363. 甘托克, 1961. ［如果在别处未指明的话, 引证所涉及的即是这一版本。］）

Ts'al-pa Kun-dga'-rdo-rje. Deb t'er dmar po . ed. By Dun-dkar Blo-bzan-'p'rin-las. Peking, 1981. On this edition see sources. (HD－2)（蔡巴贡噶多吉. 红史. 东噶洛桑赤烈编辑. 北京, 1981. ［关于这一版本, 参阅原书。］）

Fifth Dalai-Lama. History of Tibet：Gaṅs can yul gyi sa la spyod pa'i mt'o ris kyi rgyal blon gtso bor brjod pa'i deb t'er rdzogs ldan gžon nu'i dga'ston dpyid kyi rgyal mo'i glu dbyaṅs 1643. in vol. DZA of the Fifth Dalai-Lama's Collected Works. (HT5D)（第五世达赖喇嘛. 西藏史∥五世达赖喇嘛全集：DZA 函. ［西藏王臣史, 1643.］）

Si-tu Pan-c'en C'os-kyi-'byuṅ-gnas. sGrub Karma Kam ts'aṅ brgyud pa rin po c'e'i rnam t'ar pa rab'byams nor bu zla ba c'u śel gyi p'ren ba 1775. New Delhi, 1972. (KARMA)（司徒班钦却吉迥乃. 珠噶玛康仓举巴仁波且传记善知识宝月水晶宝蔓 1775. 新德里, 1972.）

sKyes bu dam pa rnams kyi rnam t'ar pa rin po c'e'i gter mdzod. Eulogy of gNas-rñiṅ. Woodprint in the Library of the IsMEO. Rome. (KDNT)（杰布诸圣贤传记大宝库∥乃宁寺颂德文. 意大利中亚和东方研究所

图书馆木刻版.罗马.)

bKa'-brgyud gser p'ren c'en mo. Dehra Dun,1970.（KGSP）（噶举大金蔓.台拉登,1970.）

dPa'-bo gtsug-lag. Dam pa'i c'os kyi'k'or los bsgyur ba rnams kyi byuṅ ba gsal bar byed pa mk'as pa'i dga'ston 1565. 4 vols. New Delhi, 1959—1962.（KPGT）（巴卧祖拉.智者喜宴 1565. 4 卷.新德里,1959—1962.）

Schulte-Uffelage H S transl. Das Keng-shih wai shih, eine Quelle zur spaten Mongolenzeit. Berlin, 1963.（KSWS）（舒尔特－于菲拉治 H S. Keng shih wai shih,晚期蒙古的一部原始资料.柏林,1963.）

（P'ag-mo-gru Byaṅ-c'u-rgyal-mts'an. Si-tu bKa'c'ems 1361 // Second part of Lha rigs rLaṅs kyi rnam t'ar. New Delhi,1974. Citations normally refer to this edition. Published also as rLaṅs kyi po ti bse ru rgyas pa, Lhasa,1986.（LANG）（帕木竹绛曲坚赞.司徒遗教 1361 // 神种朗氏传记的第二部分.新德里,1974.[通常引证这一版本。1986 年,拉萨也出版了《朗氏宗谱》。]）

Rin-c'en-rnam-rgyal. C'os rje t'ams cad mk'en pa Bu ston lo tsa ba'i rnam par t'ar pa sñiṅ pa'i me tog 1355—1356 // Ed. and transl. by Ruegg D S. The life of Bu ston Rin po c'e. Rome,1966.（LBT）（仁钦南杰.遍知法王布顿译师传记精华 1355—1356 // 吕格 D S 编辑和翻译.布顿仁波且的生平.罗马,1966.）

Fifth Dalai-Lama. Autobiography：Za hor gyi ban de Ṅag dbaṅ blo bzaṅ rgya mts'o'i'di snaṅ'k'rul pa'i ro rtsed rtogs brjod kyi ts'ul du bkod pa dukūla'i gos bzaṅ // Vol. CA of the Fifth Dalai-Lama's Collected Works. （LDL5）（第五世达赖喇嘛.自传 // 五世达赖喇嘛全集:CA 函.[《阿旺罗桑嘉错自传》]）

大明实录.台北,1954.（MSL）

Nel-pa Grags-pa-smon-lam-blo-gros. sÑon byuṅ gi gtam me tog p'ren ba 1283 // Ed. and transl. by Uebach H. Nel-pa Pandita'i Chronik. Munich,

1987. (NEL)(奈巴札巴孟兰洛卓. 古谭花蔓 1283∥于伯赫 H 注释并翻译. 奈巴班智达编年史. 慕尼黑,1987.)

K'a ra gŇos kyi rgyud pa ts'ul mdor bsdus 1431. Ms. In the Library of the Toyo Bunko. Tokyo. (NYOS)(喀热内氏世系简述 1431. 东洋文库图书馆手写本. 东京.)

Padma-dkar-po. C'os'byuň bstan pa'i padma rgyas pa'i ñiň byed 1575. New Delhi,1968. (PMKP)(白玛噶布. 佛教史正法莲花丰盛太阳 1575. 新德里,1968.)

祥迈. 辩伪录 1291∥大正藏第 2116 号,第 LⅡ卷. 751a – 781a. (PWL)

Sum-pa Ye-śes-dpal-'byor,Re'u-mig∥At the end of Part Ⅲ of the dPag bsam ljioň bzaň. New Delhi,1959. (Re'u-mig)(松巴益西班觉. 年表∥巴桑迥桑第三部分的最后. 新德里,1959.)

Rwa luň bka'brgyud gser p'ren. Thimphu,1982. (RLSP)(热隆噶举金蔓. 廷布,1982.)

Ňag-dbaň Kun-dga'-bsod-rnams Grags-pa-rgyal-mts'an. 'Dzam gliň byaň p'yogs kyi t'ub pa'i rgyal ts'ab c'en po dpal ldan Sa skya pa'i gduň rabs rin po c'e ji ltar byon pa'i ts'ul gyi rnam par t'ar pa ňo mts'ar rin po c'e'i baň mdzod dgos'dod kun'byuň 1629. Woodprint in the Library of the IsMEO. Rome. modern edition,Peking,1986. Citations refer to the woodprint. (SKDR)(阿旺衮噶索南札巴坚赞. 萨迦世系史 1629. 意大利中亚和东方研究所图书馆木刻版. 罗马. [现代版本. 北京,1986.] [引证涉及木刻版])

dPal stag luň ga zi'i gduň rabs zam ma c'ad par byon pa'i rnam t'ar no mts'ar nor bu'i do śal skye dgu'i yid'p'rog 1827—1829. Ms. in the Library of the IsMEO,Rome. (TLGZ)(吉祥达隆噶细世系 1827—1829. 意大利中亚和东方研究所图书馆木刻版. 罗马.)

Saňs-rgyas-rgya-mts'o. Vaidūrya ser po 1692—1698. New Delhi, 1960. (VSP)(桑结嘉错. 黄琉璃 1692—1698. 新德里,1960.)

147

永乐大典.（YLTT）

元史.（YS）中华书局.（原书作"京华书店"）

Ža-lu documents published in TPS：text pp. 747 – 754，translation pp. 670 – 672.（ŽL）（夏鲁文书∥西藏画卷.［原文见第 747 – 754 页，翻译见第 670 – 672 页。］）

Fifth Dalai-Lama. Life of Zur T'ams-cad mk'yen-pa 1676. in vol. TA of the Fifth Dalai-Lama's Collected Works.（ZUR）（第五世达赖喇嘛.索尔唐杰钦巴生平 1676∥五世达赖喇嘛全集：TA 函.）

二、现代研究著作（Modern Studies）

Allsen T T. Mongol imperialism. Univ. of California Press，1987.（Allsen）（艾尔森 T T. 蒙古帝国主义.加利福尼亚：加利福尼亚大学出版社，1987.）

Bielenstein H. Chinese historical demography. Stockholm，1987. = BMFEA，59.（Bielenstein）（ = BMFEA，59）（毕伦施泰恩 H. 中国历史上的人口学.斯德哥尔摩，1987.）

Boyle J A. The successors of Genghis Khan. New York-London，1971.（Boyle）（波义耳 J A. 成吉思汗的继承者们.纽约—伦敦，1971.）

张虎婴.元代纸币在西藏地方流通考. 中国钱币，1984（4）：28 – 30.（Chang）

Chavannes E. Inscriptions et piéces de chancellerie chinoises de l'époque mongole. T'oung Pao，1904（5）：357 – 447.（Chavannes 1904）［沙畹 E. 蒙古时期中国刑部的题铭和公文.通报，1904（5）：357 – 447.］

Chavannes E. Inscriptions et piéces de chancelierie chinoises de l'époque mongole. T'oung Pao，1908（9）：297 – 428.（Chavannes 1908）［沙畹 E. 蒙古时期中国刑部的题铭和公文.通报，1908（9）：297 – 428.］

陈得芝.元代乌思藏宣慰司的设置年代.元史及北方民族史研究集刊，1984（8）：1 – 8.（Ch'en）

Dardess J W. Conquerors and Confucians. Univ. of California Press, 1971. (Dardess) (达尔德斯 J W. 征服者与儒教徒. 加利福尼亚: 加利福尼亚大学出版社, 1971.)

Das S Ch. Tibet under the Tatar Emperor of China JASB. Extra Number, 1905:94 – 102. (Das) (达斯 S Ch. 中国鞑靼皇帝统治下的西藏. 亚洲研究公报 JASB. 增刊, 1905:94 – 102.)

De Jong J W. Notes à propos des colophons du Kanjur. ZAS, 1972 (6):505 – 599. (De Jong) [戴琼 J W. 关于甘珠尔版本动议的注释. 中亚研究, 1972(6):505 – 599.]

Demièville P. La situation religieuse en Chine au temps de Marco Polo. Oriente Poliano. Rome, 1957:193 – 236. (Demièville) (戴密微 P. 马可波罗时代中国的宗教局势 // 东方 Poliano. 罗马, 1957:193 – 236.)

Endicott- West E. Mongolian rule in China local administration in the Yüan dynasty. Cambridge Mass, 1989. (Endicott-West) (恩迪考特·魏斯特 E. 中国的蒙古统治者: 元朝的地方行政机构. 剑桥马萨诸塞, 1989.)

Farquhar D. Structure and function in the Yüan imperial government // Langlois J D ed. China under Mongol rule. Princeton University Press, 1981:25 – 55. (Farquhar) (法夸哈尔 D. 元帝国政府的结构和功能 // 朗罗艺斯 J D 编辑. 蒙古统治之下的中国. 普林斯顿: 普林斯顿大学出版社, 1981:25 – 55.)

Ferrari A. mKyen – brtse's guide to the holy places of Central Tibet. Rome, 1958. (Ferrari) (费拉丽 A. 钦则的卫藏圣迹指南. 罗马, 1958.)

Franke H. Seṅ – ga, das Lebon eines uigurischen Staatsbeamten zur Zeit Chubilais. Sinica, 1942, 17:90 – 113. (Franke 1942) (弗兰克 H. 桑哥, 一个忽必烈皇帝时期的维吾尔人宰相. 中国, 1942, 17:90 – 113.)

Franke H. Geld und Wirtschaft in China under der Mongolen – Herrschaft. Leipzig, 1949. (Franke 1949) (弗兰克 H. 蒙古统治下中国的货币与经济. 莱比锡, 1949.)

Franke H. Tan – pa, a Tibetan Lama at the court of the Great Khan.

Orientalia Venetiana,1984(1):157 – 180. Franke 1984.(Franke 1984)[弗兰克 H.胆巴,一个在大汗朝廷的藏族人喇嘛.东方 Venetiana,1984(1):157 – 180.]

Haenisch E. Steuergerechtsame der chinesischen Klöster unter der Mongolen – herrschaft. Berichte uber die Verhandlungen der Sächsischen Akademie der Wissen – schaften. Plil-Hist. Klasse,1940,94(2).(Haenisch)[海涅什 E.蒙古统治下汉地僧人的赋税特许权∥萨克森科学院学会报告.费尔 – 赫斯特分部.1940,94(2).]

Hambis L,Pelliot P. Le Chapitre CVⅡ de Yuan – che. Leiden,1945.(Hambis 1945)(韩百诗 L,伯希和 P.元史卷 107.莱登,1945.)

Hambis L. Le Chapitre CVⅢ du yuan – che. Leiden,1954.(Hambis 1954)(韩百诗 L.元史卷 107.莱登,1954.)

Hambis L. Notes sur I'histoire de Corée à l'époque mongole. T'oung Bao,1957,45:151 – 218.(Hambis 1957)(韩百诗 L.蒙古统治下朝鲜历史的几点注释.通报,1957,45:151 – 218.)

韩儒林.元朝史.2 卷.北京,1986.(Han)

Hucker C O. A dictionary of official titles in imperial China. Stanford Univ. Press,1985.(Hucker)(胡克尔 C O.帝制中国的官员称号辞典.斯坦福:斯坦福大学出版社,1985.)

Sh Inaba. An introductory study on the degeneration of Lamas:a genealogical and chronological note on the imperial preceptors in the Yüan Dynasty∥Sasaki G H ed. A study of Kleśa:a study of impurity and the purification in the Oriental religions. Tokyo,1975:19 – 57(554 – 615).(Inaba)[稻叶正就.关于喇嘛堕落研究的导言:关于元朝帝师年表和家谱上的注释∥青木 G H 编辑.Kleśa 研究:东方宗教中的不洁与涤罪研究.东京,1975:19 – 57(554 – 615).]

Tucci G. Indo-Tibetica,7 vols. Rome,1932—1941.(IT)(图齐 G.印度—西藏 7 卷.罗马,1932—1941.)

Jackson D P. The early history of Lo(Mustang)and Ngari. Contribu-

tions to Nepalese Studies,1976,4(1):39 – 56. (Jackson 1976)[杰克逊 D
P. 洛(木斯塘)和阿里早期史. 尼泊尔研究,1976,4(1):39 – 56.]

Jackson D P. The Mollas of Mustang. Dharamsala,1984. Jackson D P.
(Jackson 1984)(木斯塘的盗匪. 达兰姆萨拉,1984.)

Kotwicz W. Les termes concernant le service des relais postaux. Roc-
znik Orientalistyczny,1950(16):329 – 336. (Kotwicz)[科特瓦兹 W. 与
驿站邮递有关的一些术语 // Rocznik Orientalistyczny,1950(16):329 –
336.]

Kwanten L. Chingis Khan's conquest of Tibet:myth or reality. JAH,
1974(8):1 – 20. (Kwanten)[陆宽田 L. 成吉思汗侵入西藏:是神话还
是事实. 哈佛亚洲杂志,1974(8):1 – 20.]

Macdonald A. Preambule a la lecture d'un rGya – Bod yig – gcaň.
JAS,1963:53 – 159. (Macdonald)(麦克唐纳 A. 关于《汉藏史集》这一
文献的注释. 亚洲研究,1963:53 – 159.)

Sh Nogami. Gen no kudokushi ni tsuite. Shina bukkyō. shigaku,1942,
6(2):1 – 11. (Citations refer to the reprint in Gendei Shaku – Ro – den no
kenkyū. Kyoto,1979:129 – 141. (Nogami 1942)[野上俊静. 关于元代的
功德使司. 支那佛教史学,1942,6(2):1 – 11. (引自校正再版. 元史释
老传研究. 京都,1979:129 – 141.)]

Sh Nogami. Gen no Senseiin ni tsuite. Haneda hakushi shōju kinen.
Kyoto,1950:779 – 795. (Nogami 1950)(野上俊静. 关于元代的宣政院
// 羽田博士颂寿记念东洋史论丛. 京都,1950:779 – 795.)

H Okada. Mōko shiryō ni mieru shoki Mō-Zō kankei. Tōhōgaku,1962
(23):95 – 108. (Okada)[冈田英弘. 蒙古史料所见初期蒙藏关系. 东方
学,1962(23):95 – 108.]

Olbricht P. Das Postwesen in China under der Mongolenherrschaft im
13 und 14 Jahrhundert. Wiesbaden,1954. (Olbricht)(奥尔布里施特 P. 13
和 14 世纪蒙古统治之下中国的驿站. 威斯巴登,1954.)

Pelliot P. Notes sur le Turkestan de Barthold M W. T'oung Pao,1930,

中
部
西
藏
与
蒙
古
人
——
元
代
西
藏
历
史

27:12 - 56. (Pelliot 1930)(伯希和 P. 巴托尔德 M W 突厥研评注. 通报,1930,27:12 - 56.)

Pelliot P. Notes on Marco Polo. 3 vols. Paris, 1959—1973. (Pelliot 1959)(伯希和 P. 马可波罗评注. 3 卷. 巴黎,1959—1973.)

Pelliot P,Hambis L. Histoire des campagnes de Gengis Khan. Ⅰ. Paris,1951. (Pelliot-Hambis)(伯希和 P,韩百诗 L. 成吉思汗征服史. 第 1 卷. 巴黎,1951.)

Petech L. Sang-ko, a Tibetan Statesman in Yüan-China. AOHung, 1980,34:193 - 208. (Reprinted with some corrections in Petech, 1988: 395 - 412.)(Petech 1980a)(伯戴克 L. 桑哥,元朝中国的一位藏族宰相. 匈牙利亚洲东方杂志,1980,34:193 - 208.[校正后的再版,见伯戴克 1988:395 - 412.])

Petech L. The Mongol census in Tibet // Aris M ed. Tibetan studies in honour of Hugh Richardson. Warminster,1980:233 - 238. (Petech 1980b) (伯戴克 L. 蒙古在西藏的括户 // 艾里斯 M 编辑. 黎吉生 H 西藏研究纪念文集. 沃明斯特,1980:233 - 238.)

Petech L. Ya - ts'e, Gu - ge, Pu - raṅ, a new study. CAJ,1980(24): 85 - 111. (Reprinted in Petech 1988:369 - 394.)(Petech 1980c)[伯戴克 L. 雅孜、古格、普兰,一个新的研究. 中亚杂志,1980(24):85 - 111. (再版见伯戴克 1988:369 - 394.)]

Petech L. Tibetan relations with Sung China and with the Mongols // Rossabied M. China among equals. University of California Press,1983: 173 - 203. (Petech 1983)(伯戴克 L. 藏族和宋代中国与蒙古的关系 // 罗莎比 M 编辑. 对等中的中国. 加利福尼亚:加利福尼亚大学出版社, 1983:173 - 203.)

Petech L. Selected papers on Asian history. Rome, 1988. (Petech 1988a)(伯戴克 L. 亚洲史研究论著选. 罗马,1988.)

Petech L. Yüan organization of the Tibetan border areas. Uebach H, Panglung J L ed. Tibetan Studies. Munich, 1988:369 - 380. (Petech

1988b)（伯戴克 L. 元代西藏边缘地区的机构∥于伯赫，邦隆 J L 编辑．藏学研究．慕尼黑，1988：369－380．）

Petech L. Imperial princes of the Yuan period connected with Tibet∥Skorupski T ed. Indo-Tibetan Studies. Papers in honour of Professor Snellgrove D L. Tring, 1990：257－269. (Petech 1990)（伯戴克 L. 元代和西藏有关的帝国王子们∥斯科鲁普斯基 T 编辑．印度—西藏研究．斯内尔格罗夫 D L 教授纪念文集．特灵，1990：257－269．）

Ratchnevsky P. Un code des Yuan. Ⅰ. Paris, 1937. (Ratchnevsky 1937)（拉契涅夫斯基 P. 一部元代的法典．第 1 卷．巴黎，1937．）

Ratchnevsky P. Die mongolischen Grosskhane und die buddhistische Kirche. Asiatica. Festschrift Weller F. Leipzig, 1954：489－504. (Ratchnevsky 1954)（拉契涅夫斯基 P. 蒙古大汗和佛教教会．亚洲研究．沃勒尔 F 纪念文集．莱比锡，1954：489－504．）

Richardson H. The Karma-pa sect a historical note. JRAS, 1958：l39－164. (Richardson)（黎吉生 H. 噶玛派的一条历史注释．皇家亚洲研究杂志，1958：139－164．）

Roerich. Mongol-Tibetan relations in the 13th and 14th centuries. The Tibet Society Journal, 1973(6)：40－55. (Roerich)［罗列赫. 13 和 14 世纪的蒙藏关系．西藏社会杂志，1973(6)：40－55.］

Rossabi M. Khubilai Khan and the women in his family∥Studia Sino-Mongolica. Festschrift Franke H. Wiesbaden, 1979：153－180. (Rossabi 1979)（罗莎比 M. 忽必烈可汗和他的家庭的妇女们∥中国—蒙古研究．弗兰克 H 纪念文集．威斯巴登，1979：153－180．）

Rossabi M. Khubilai Khan, his life and times. Univ. of California Press, l988. (Rossabi 1988)（罗莎比 M. 忽必烈可汗，他的生平和时代．加利福尼亚：加利福尼亚大学出版社，1988．）

H Sato. Chibetto rekishi chiri kenkyū. Kyoto, 1978. (Sato 1978)（佐藤长．西藏历史地理研究．京都，1978．）

H Sato. Chūsei Chibetto shi kenkyū. Kyoto, 1986. (Sato 1986)（佐藤

长.西藏中世纪史研究.京都,1986.)

Schuh D. Wie ist die Einladung des funften Karma – pa an den chine-
sischen Kaiserhof als Fortführung der Tibet-Politik der Mongolen-Khane zu
verstehen. Altaica Collecta. Wiesbaden,1976:209 – 244.（Schuh 1976）
（舒 D. 怎样理解蒙古可汗邀请第五世噶玛巴前往中国朝廷的西藏政
策//阿尔泰集刊.威斯巴登,1976:209 – 244.）

Schuh D. Erlasse und Sendschreiben mongolischer Herrscher für tibe-
tische Geistliche. St Augustin,1977.（Schuh 1977）（舒 D. 蒙古统治者给
西藏僧人的布告和公开信.圣·奥古斯丁,1977.）

Schuh D. Grundlagen tibetischer Siegelkunde. St Augustin, 1981.
（Schuh 1981）（舒 D. 西藏印章学基础.圣·奥古斯丁,1981.）

Schuh D. Das Archiv des Klosters bKra-śis-bsam-gtan-gliṅ von Skyid-
gron. I. Bonn,1988.（Schuh 1988）（舒 D. 吉仲扎西桑丹林的档案.第
一集.波恩,1988.）

Schurmann H F. Economic structure of the Yüan dynasty. Cambridge
Mass,1956.（Schurmann）（舒尔曼 H F. 元朝的经济结构.剑桥马萨诸
塞,1956.）

沈卫荣.元朝中央政府对西藏的统治.历史研究,1984(3):136 –
148.（Shen）

Shakabpa W D. Tibet,a political history. Yale University Press,1967.
（Shakabpa 1967）（夏格巴 W D. 西藏政治史.康涅狄格州:耶鲁大学出
版社,1967.）

Shakabpa W D. Bod kyi srid don rgyal rabs. 2 vols. Delhi,1976.
（Shakabpa 1976）（夏格巴 W D. 藏区政治王统.2 卷.德里,1976.）

Sørensen P K. A fourteenth century Tibetan historical work:rGyal rabs
gsal-ba'i me-lon. Copenaghen,1986.（Sørensen）（索仁森 P K. 十四世纪
西藏历史著作:王统世系明鉴.哥本哈根,1986.）

Sperling E. Some notes on the earl 'Bri-gun-pa Sgom-pa. Beckwith C I
ed. Silver on Lapis:Tibetan literary culture and history. Bloomington,

1987:33 - 53.（Sperling 1987）（史伯岭 E.关于早期止贡贡巴的几点注释∥白桂思 C I 编辑.宝石之银：西藏典籍文化与历史.布鲁明顿，1987:33 - 53.）

Sperling E. The Szechwan-Tibet frontier in the fifteenth century. Ming Studies,1988,26:37 - 55.（Sperling 1988）（史伯岭 E.十五世纪四川藏区的边境.明研究,1988,26: 37 - 5.）

Stein R A. Recherches sur l'èpopée et le barde au Tibet. Paris,1959.（Stein 1959a）（石泰安 R A.西藏史诗与说唱艺人研究.巴黎,1959.）

Stein R A. Les tribus anciennes des marches sino-tibétaines. Paris, 1959.（Stein 1959b）（石泰安 R A.汉藏走廊的古代部落.巴黎,1959.）

Szerb J. Glosses on the oeuvre of Blama 'Phags-pa Ⅰ:on the activity of Sa-skya Pandita∥Aris M ed. Tibetan Studies in honour of Hugh Richardson. Warminster,1980:290 - 300.（Szerb 1980a）（史尔弼 J.喇嘛八思巴作品评注 1:关于萨迦班智达的活动∥艾里斯 M 编辑.黎吉生 H 西藏研究纪念文集.沃明斯特,1980:290 - 300.）

Szerb J. Glosses on the oeuvre of Blama 'Phaas-pa Ⅱ:some notes on the events of the years 1251—1254. AOHung. ,1980,34:263 - 286.（Szerb 1980b）（史尔弼 J.喇嘛八思巴作品评注 2:关于 1251—1254 年记事的若干注释.匈牙利亚洲东方杂志,1980,34:263 - 286.）

Tucci G. Tibetan Painted Scrolls. 2 vols. Roma,1949.（TPS）（图齐 G.西藏画卷.2 卷.罗马,1949.）

Tsering P. rÑiṅ-ma-pa Lamas am Yüan Kaiserhor∥Ligeti L ed. Proceedings of the Csoma de Körös Memorial Symiposium. Budapest,1978:511 - 540.（Tsering）（次仁 P.元朝皇宫的宁玛派喇嘛∥李盖提 L 编辑.乔玛·科罗斯纪念学术讨论会论文汇编.布达佩斯,1978:511 - 540.）

Uematsu T. The control of Chiang-nan in the early Yuan. Acta Asiatica,1983,45:49 - 68.（Uematsu）（Uematsu T.元朝初期对江南的统治.亚洲学报,1983,45:49 - 68.）

Wylie T V. The first Mongol conquest of Tibet reinterpreted. HJAS, 1977,37:103 – 133. (Wylie 1977)（魏里 T V.蒙古初次入侵西藏再释.哈佛亚洲研究,1977,37:103 – 133.）

Wylie T V. Khubilai Khagan's viceroy of Tibet ∥ Ligeti L ed. Tibetan and Buddhisi Sindies commenioraiing the 200th anniversary of the birth of Alexander Csoma de Körös. Budapest,1984,2:191 – 404. (Wylie 1984)（魏里 T V.忽必烈可汗的西藏总督∥李盖提 L 编辑.亚历山大·乔玛·科罗斯诞辰 200 周年纪念西藏和佛教研究文集.布达佩斯,1984, 2:191 – 404.）

藏文索引

A

阿布　69

阿衮　28,45,49

阿善噶雅　100

阿完不花　98

艾　7,31,86,99,101,102

艾布　121

奥都思　70

奥多　57

奥哥该乌拉　63

B

八思巴　1,3,4,6,8,12,14 -
　　28,32,33,35,36,41,
　　44,48,61,68,71,73,
　　74,90,94,131,133,
　　136,144,155

拔希　14 - 16,39,83,86

白利　8,13,52

班本　124,126,127,137

班丹金院　87

班莫塘　30

班仁　69,100

本班沃　96

本钦　18,20 - 25,27,29,30,
　　38,39,41 - 47,51,57,
　　58,60,63,66,70,72 -
　　77,81,85,88 - 90,92,
　　94 - 105,108,109,111 -
　　113,115 - 127,129,132,
　　136

本扎沃　111

必里　11,13,20,52

别索花(别不花)　94

布达　59,97,103,105,116

布达甘(门达甘)　74

布顿仁钦珠　51

C

才西宁玛巴　85

蔡巴　2,6,11,31,54,58,64,
　　69,84,88,89,92,96,98,
　　100,102 - 105,107,112,
　　145

蔡绷　88,90

蔡贡塘　54,95

·欧·亚·历·史·文·化·文·库·

159

161

汉文索引

欧·亚·历·史·文·化·文·库·